介護を左右する
頼れるケアマネ 問題なケアマネ

満足いく在宅介護をどう実現するか——

相沢光一

河出書房新社

介護の9割はケアマネで決まる——はじめに

●父の介護が突然、始まった

「相沢さんは運が良かったですよ。担当になったケアマネが吉岡さんで」

ケアマネジャーという存在に関心をもったのは、福祉用具レンタルサービス会社社員の井口さんから聞いた、このひと言がきっかけでした。

私は父親の介護をしました。

要支援1の認定は受けていたものの、日常生活はふつうに送れていた父が突然へたりこみ、起き上がれなくなったのが2013年の暮れ。パニックになりながらも父を布団に寝かせ、要支援の認定のときにお世話になった地域包括《ほうかつ》支援センターの担当者の名刺を探し出して電話。すぐに駆《か》けつけてくれたのが、女性ケアマネの吉岡さんでした。

吉岡さんは、直前に起きた出来事を私から聞いて状況を察し、要介護認定の手続きなど私がやるべきことを簡潔《かんけつ》に説明してくれました。そして、父の状態をチェックし、「要介護3の認定は下りると思うので、それに沿《そ》ってケアプランをつくります」といって帰りました。

その翌日、介護用ベッドを搬入《はんにゅう》しに来たのが井口さんです。また、吉岡さんも再訪《さいほう》し、父に必要と思われる介護サービスを提案し、私の事情を聞いたうえでサービス提供者のスケジュールを決めていきました。訪問看護、訪問入浴、訪問介護などです。

そこから介護生活が始まりました。長期戦になるという覚悟はありましたが、思いがけず父の衰《おとろ》えは急激で、2か月半ほどで旅立ってしまいました。とはいえ、その2か月半は嵐のような日々でした。

とにかく初めてのことばかり。その場その場で必要になる用品を買いに行ったり、介護サービスの人たちにケアの方法を聞いたり。やらなければならないことがたくさんあるうえに、私自身の仕事もある。ほとんど睡眠がとれない時期もありました。

さらに、寝たきりになるまでは頭もクリアで、問題なく意思の疎通《そつう》ができていた父に認知症の症状が出るようになり、その対応に我《われ》を失って逆上《ぎゃくじょう》することもありました。短い介護生活でしたが、介護にまつわるひと通りの苦労は体験したと思います。

●「問題のあるケアマネもいますよ」

ただ、ケアマネの吉岡さんをはじめ、介護サービスで来てくれた人たちは、本当によくやってくれました。あとで振り返ってみても、ケアプランは妥当《だとう》な内容でした。サービスを提供してくれた人たちのケアのスキルもたしかなことがわかりましたし、落ちこむ父を笑わせて元気づけたりもしてくれました。その仕事ぶりを見て「自分も頑張らなければ」と思ったものです。

そんなこともあって、父の葬儀を終えて気持ちの整理がついたとき、介護サービスで来てくれた人たちに感謝の思いを伝える手紙を送りました。

とくに、そのなかのひとり、介護用トイレや車椅子など用具の追加があってたびたび来訪していた福祉用具レンタル会社の井口さんは、私とウマが合うというか、話がしやすく、食事に誘って直接、感謝を伝えたのです。そのときに聞いたのが、冒頭に記したひと言です。

「運が良い」といわれたことには、少なからず驚きました。私は吉岡さんの仕事ぶりに満足していたせいか、ケアマネの誰もが、そのレベルの仕事をしてくれるものだと思いこんでいたのです。しかし、井口さんは「そうとは限りません。問題のあるケアマネもたくさんいますよ」というのです。

●頼れるケアマネに当たるかは運しだい

じつは、井口さんと話をした時点で、私はケアマネジャーがどのような存在なのかを知りませんでした。いきなり父の介護が始まり、調べる余裕がなかったのが実情です。井口さんは「あくまで私の解釈《かいしゃく》ですが」と断ったうえで、ケアマネの存在をスポーツチームの監督に例えながら説明してくれました。

「スポーツチームの監督は、チームを勝利に導《みちび》くのが仕事ですよね。勝利のためのプランを練り、それに必要な選手を起用して思惑《おもわく》どおりに活躍すれば勝利する。それができるのが名監督です。そのいっぽうでプランは的外《まとはず》れなうえ、良い選手は集められず、起用法も間違ってばかりで勝てない監督もいる。介護におけるケアマネジャーの役割もそれと同じ。介護の目的は勝利ではなく、サービス利用者やその家族がより良い介護生活を送ることですが、そのために的確なケアプランをつくり、活躍してくれるサービス提供者を起用すること。それができるのが良いケアマネですが、できないケアマネも少なくないんです」

井口さんにはさらに、担当ケアマネがどのようにして決まるのかも聞きました。

「地域包括支援センターに連絡がいくわけですが、その電話をとったケアマネがそのまま担当になるケースもありますし、その人の担当枠《わく》がいっぱいの場合は、枠が空《あ》いているケアマネに担当を振ることもある。また、そのセンターと取引のあるケアマネ事業所の人を担当にすることもあります」

だから、頼りになるケアマネに当たるか、そうでないケアマネに当たるかは運しだいだというのです。

しかし、利用者には私同様ケアマネの知識はありません。運悪くダメなケアマネに当たっても、それを当たり前の姿として受け入れるしかないわけです。

その後、私はあるウェブマガジンで介護の原稿を書くようになりました。自身の体験談からスタートしたのですが、しだいにケアマネに取材をし、利用者やその家族がより良い介護生活を送るための情報を伝える内容になりました。

取材対象者は井口さんの推薦です。客観的な立場でケアマネを見ることができる井口さんの人選は的《まと》を射《い》ていて、紹介してもらったケアマネはみな、意識が高い人たちでした。ひとりに取材すると、その人が知り合いのケアマネを紹介してくれるということがつづき、私は豊富なケアマネ人脈を得ました。彼らとは長いつき合いになり、本音を語ってもらえる仲にもなった。世間にはあまり伝わらない情報も聞けるようになったわけです。

●「このケアマネではダメだ」と思ったら…

その情報とは、「良いケアマネとダメなケアマネはどこが違うか」とか「サービスに不満があるとき、ケアマネにどう伝えるべきか、どこまで要求できるか」といった内容です。そして「この人が担当をつづけたら、より良い介護はできない」と判断したら、ケアマネを替えることができるということも知りました。

介護には、多かれ少なかれ苦労がつきものです。しかし、味わう苦労の軽重《けいちょう》もケアマネのスキルや人間性、仕事に対する意識によって変わる。介護の9割はケアマネで決まるといってもいいでしょう。ただし、介護は利用者の自宅という密室で行なわれます。利用者と家族は、担当になったケアマネの仕事ぶりしか知ることができません。力量《りきりょう》をほかのケアマネと比較する術《すべ》がないわけです。スポーツチームの監督なら、勝敗という結果でその手腕《しゅわん》が判断できますが、ケアマネの場合はそうした判断材料がないのです。

そのため、わが家を担当するケアマネが有能なのかどうかを判断できないまま介護をつづけ、要介護者である自分の親などが施設に入るか、亡くなるかして、ケアマネとのつき合いが終わることになる。そんなケースが大半だと思います。

在宅での介護を終えた介護者は複雑な心境になります。背負《せお》っていた重い荷物を下ろしたような解放感もある。そのいっぽうで「もっとできることはあったんじゃないか」「あのとき、こうしていれば」という後悔《こうかい》も去来《きょらい》します。そして、後悔がある場合「担当ケアマネは果たしてあの人で良かったのか」という思いが浮かぶこともあるはずです。

私は一介護経験者にすぎません。しかし、たまたま仕事の関係で数多くのケアマネやサービス事業者と交流をもち、その世界の話を聞くことができるようになりました。あくまで彼らとの会話からですが、ケアマネの良し悪しを知る位置に立てた。比較することこそできませんが、その判断基準は知り得たわけです。

本書で記したことは、事例も含め、ケアマネたちとの5年を超える交流のなかで聞いてきた話がもとになっています。大切な人の介護をより良いものにするため、そして介護が終わったときに後悔をしないために参考にしていただければ幸いです。

なお、本書に登場するケアマネの方々、サービス事業者の方々のお名前は、すべて仮名であることをお断りしておきます。

相沢光一

1章

●家族が「まず、やるべきこと」とは

介護は「突然」始まる。そのとき慌てないために…

「知識ゼロの受け身」ではいけない　16
介護はすんなりとは軌道に乗らない　18
「要介護度」はどのように判定されるか　20
自宅で介護を受けながら暮らすのが基本　25
介護の中心的な担い手になるのは誰か　29
「見守りサービス・機器」で安否をつかむ　32
お金の管理、介護費用の支払いは？　33

2章

自宅での介護の成否はケアマネに在り

●ケアマネの役割と介護サービスの実際

自治体の職員ではないケアマネの立場と所属　38
ケアマネ試験の合格率は20％以下　40
ケアマネの年収、男性ケアマネの割合は？　44
1人のケアマネが利用者30人ほどを担当　47
多岐にわたるケアマネの仕事と役割　49
利用者からは見えづらいケアマネの業務　54
訪問サービスには、どのような種類があるか　56
デイサービス、ショートステイへの抵抗感とは　59
「行かされる」から「行きたくなる」デイサービスへ　63
ケアマネの能力は「ケアプラン」から読み取れる　65

サービス事業者が語る「問題なケアマネ」
ケース1 偏った視点で物事を見るケアマネ 68
ケース2 自分が「主役」になってしまうケアマネ 73

3章 頼れるケアマネなら質のいい介護になる

●ケアマネの良し悪しの見極め方

担当となるケアマネは、どんなプロセスで決まるか 80
ケアマネと介護者の温度差がサポートの質を下げる 84
介護者は「やらなければならないこと」が山積み 86
「終わりのない不安」が介護者を追いつめていく 90
ケアマネは「質の良い介護サービス」の案内役 94
ケアマネがみな優秀とは限らない 97
ダメなケアマネに不足しているスキルとは 100
「任せてください」というケアマネに任せていい？ 107

介護態勢づくりで、ケアマネの手腕が問われる 110
頼れるケアマネは方々にアンテナを張っている 113
サービス事業者が語る「問題なケアマネ」
ケース3 介護費用をギリギリまで切りつめるケアマネ 118
ケース4 支給限度額いっぱいにサービスを組むケアマネ 124

4章 ケアマネに任せきりでは満足な介護は望めない

●ケアマネとの良好な関係の築き方

利用者・介護者しだいでケアマネの仕事ぶりは変わる 132
ケアマネと自分たちの関係は「1対1」ではない 135
頼れるケアマネは「目線の高さ」が同じ 138
プロ意識が足りない〝御用聞き〟ケアマネ 141
「介護に前向きな姿勢」がケアマネの心を動かす 144
ケアマネへの質問や相談は、どのタイミングがベストか 147

ケアマネがより親身になる利用者・介護者とは 152
ケアマネのやる気をそぐ要因❶…自宅の環境 154
ケアマネのやる気をそぐ要因❷…コミュニケーション 157
ケアマネのやる気をそぐ要因❸…介護への姿勢 159
ケアマネのやる気をそぐ要因❹…人間性 160
サービス事業者が語る「問題なケアマネ」
ケース5 ケアプランの選択肢が乏しいケアマネ 163
ケース6 ケアプランをつくろうとしないケアマネ 165

5章 「担当者を替えたい」ときどう動けばいいか

●信頼できるケアマネの探し方

「自由を奪われるストレス」が介護者を蝕んでいく 170
「虐待」はけっして他人ごとではない 172
受け身のままでは、介護の質は高まらない 175

ケアマネの交替を決断する「境界線」とは　177
有能なケアマネは、近所のオバちゃんが知っている　180
「ケアラーズカフェ」「用具レンタル担当者」も貴重な情報源　181
担当ケアマネに不満があるなら、まずは「包括」に相談　185
自力で相性のいいケアマネを探すメリットとは　187
ケアマネ探しは、手間を惜しまない　189
頼れるケアマネは、施設入所も助力してくれる　191

カバーデザイン●スタジオ・ファム
カバー・帯イラスト●ながのまみ

1章

●家族が「まず、やるべきこと」とは

介護は「突然」始まる。そのとき慌てないために…

「知識ゼロの受け身」ではいけない

介護者になることは、人生でせいぜい数回です。

実の両親が要介護になったとして2回、お嫁さんが義父・義母のケアもしなければならない場合はプラス2回、配偶者《はいぐうしゃ》が要介護になる「老老介護《ろうろうかいご》」をすることになったらプラス1回、ほかに兄弟や姉妹の、あるいは親が子の介護をする、なんてこともありますが、そんなケースは数少ない。大方《おおかた》は実父、実母の2回ぐらいでしょう。

その両親も、病気や事故によって、突然亡くなった場合は介護を経験することはありません。また、親が高齢になっても元気でいるうちは、介護をするイメージなど湧《わ》かないものです。「いずれは、そんなことになるかも」と頭をよぎることはあったとしても、具体的に考える気にはなれず、そのままスルー。そうして問題を先送りしているうちに、いつの間にか親の心身の衰《おとろ》えは進行し、要介護状態になっていたりする。**介護にかんする知識はほぼゼロの状態から、いきなりケアに追われる日々が始まる**わけです。

介護をする人は、肉体的にも精神的にもいっぱいいっぱいの状態になり、介護にかんする詳《しょう》細《さい》な知識を頭に入れる余裕はありません。知識が足りていなければ、ケアマネがつくったケアプランをチェックできず、そのまま受け入れるしかないし、指示にも従わざるをえなくなる。そんなこんなで、介護者の多くはケアマネに対し、及び腰の対応をすることになるのです。

しかし、介護は死期が近づいた肉親の残された日々を良いものにできるか、悪くしてしまうかが問われる重い行為。介護をする人は「自分なりにできる限りのことはした」と思えなければ、後悔《こうかい》にさいなまれることになるのです。

そんな思いをしないためにも、知識ゼロのままケアマネがいうことに従っている受け身の姿勢ではダメ。**基本的な知識を身につけたうえで、納得がいかないことがあれば質問し、要望を伝えることもできなければなりません。**

また、介護は人間の感情が表れる、けっこう生々《なまなま》しい行為でもあります。局面に応じて、「介護される人」対「介護する人」、あるいは「介護される人と介護する人」対「ケアマネ」といったあいだで、さまざまな腹の探《さぐ》り合いや感情のぶつかり合いが起きるものです。ケアマネとしっかりコミュニケーションをとり、良い仕事をしてもらうためにも、知っておくべきことはたくさんあるのです。

そうした感情面も含めた、介護の始まりから終わりまでの流れを記していきます。

介護はすんなりとは軌道に乗らない

介護生活が始まるパターンは大きく分けてふたつあります。

ひとつは加齢《かれい》による心身の衰えがゆっくり進行し、家族で話し合いを重《かさ》ねた結果、介護が始まるケース。もうひとつは突然、心身に変調《へんちょう》が起こり、すぐにでも介護サービスの支援が必要になるケースです。

比率的に多いのは前者です。ひとりで日常生活のことは何でもできる元気な高齢者はたくさんいます。しかし、それでも衰えは少しずつ進む。バランスを崩しやすくなるなど身体機能に問題が生じたり、認知症の症状が出てきたり……。家族もそうした危なっかしい出来事が重なると、さすがに変調に気づき、サポートするようになります。

ところが、家族のサポートだけでは済まなくなるときが来ます。そこで、介護サービスを受ける話が浮上します。衰えがゆるやかに進行するぶん、介護者となる家族は、役所の担当者と相談したり、介護に対する心の準備をする時間ができるわけです。

ただし、このケースでは乗り越えなければならないハードルがあります。**介護を受ける本人**

が介護サービスを受けることに抵抗を示すことが多いのです。

介護保険は40歳以上の人の加入が義務づけられており、死ぬまで保険料を払いつづけることになります（65歳までは健康保険料に上乗せして納付《のうふ》、65歳以上は自治体に納付→年金から天引《てんび》きされるケースが多い）。その保険料があるから、原則1割負担で誰もが介護サービスを受けられる。受ける権利をもっているのだから、受けたほうがいいのですが、それをよしとしない意識があるのです。介護サービスを受けるのはプライドを傷つけられることであり、恥と受けとめる人もいます。

また、ケアマネや介護サービス事業者という**「他人」が自分の居室《きょしつ》に入ってくることに拒絶《きょぜつ》感をもつ人も少なくない**そうです。だから、家族はその説得にひと苦労するのです。

いっぽう、突然、心身に変調が起こり、すぐにでも介護サービスの支援が必要になるのは、転《ころ》んで足の骨を折ったり、脳梗塞《のうこうそく》などの病気によって、いきなり要介護になってしまうケースです。介護サービスのサポートがなければ生活していけない状態であり、受け入れるしかありません。つまり、説得で頭を悩ませることはないのですが、突然始まる介護であり、あらゆることが一気に押し寄せてきて、介護をする人は頭がパニックになってしまいます。

ともあれ、どんな始まり方であろうと、介護者はさまざまな葛藤《かっとう》や苦労を味わうのです。

「要介護度」はどのように判定されるか

介護を始めるとき、まず行なう手続きが要介護認定の申請です。市区町村の役所（役場）の担当課に連絡し、「介護サービスを受けたい」と伝えると、申請書の提出が求められます。申請書に主治医の名前など必要事項を記入し、介護保険被保険者証を提出すると、要介護認定の訪問調査が入ることになります。都合のつく日時に調査員が自宅を訪《たず》ねてきて、利用者本人と介護者に聞き取り調査を行ない、要介護度を判定するのです。

調査の項目は「身体機能・起居《ききょ》動作」「生活機能」「認知機能」「精神・行動障害」「社会生活への適応」。この聞き取り調査では、サービス利用者（介護される人。多くは親）と介護する人（多くは子）のあいだに意見の相違《そうい》が生じがちです。

介護する人は、調査員が来ることになれば、少しは要介護度について勉強するものです。そして、**サービスを受ける側とすれば、要介護度が高いほうが有利**だということがなんとなくわかってきます。心身の状態と要介護度の目安を見くらべ、1か2に該当《がいとう》しそうだったら2、2か3だったら3の認定を受けたいと思うのです。

◀要介護度別の状態▶

程度	区分	状態
軽度	要支援1	日常生活の能力は基本的にあるが、要介護状態とならないように一部支援が必要
軽度	要支援2	立ち上がりや歩行が不安定。排泄、入浴などで一部介助が必要だが、身体の状態の維持または改善の可能性がある
軽度	要介護1	立ち上がりや歩行が不安定。排泄、入浴などで一部介助が必要
中度	要介護2	起き上がりが自力では困難。排泄、入浴などで一部または全介助が必要
中度	要介護3	起き上がり、寝返りが自力ではできない。排泄、入浴、衣服の着脱などで全介助が必要
重度	要介護4	日常生活能力の低下が見られ、排泄、入浴、衣服の着脱など多くの行為で全介助が必要
最重度	要介護5	介護なしには日常生活を営むことがほぼ不可能な状態。意思の伝達も困難

それは、要介護度に応じてサービスの支給限度額があり、要介護度が重くなるほどその額が上がるからです。受けるサービスを決め、限度額内でやりくりするのはケアマネですが、介護者としては、その限度額が高いほうが、より多くのサービスが受けられるため、安心できるのです。

ところが、サービスの利用者である親の思いは違います。**「少しでも元気に見られたい」という意識が働いて、要介護度を軽くしようとする**のです。

たとえば、調査員が「片足立ちができるか」をチェックすると、いつもはできないのに頑張って片足立ちを成功させたりする。認知症でふだんはまともな会話ができない人が、調査員の前ではしっかり受け答えをすることもあるのです。

まさに〝親の心子知らず〟ならぬ〝子の心親知らず〟の状態。「調査員相手に見栄《みえ》をはっても仕方がないのに」と思っても、親には伝わらないのです。だから、聞き取りを終えて部屋を出た調査員に、「いつもは、あんなにしっかりしていないんです」と耳打ちしたりすることになる。要介護認定では、このような親子間の心理的葛藤があるのです。

なお、認定にはこの聞き取り調査のほか、介護サービスを受ける人の主治医による意見書が必要になります。病歴や医師の目から見た対象者の心身の状態を、主治医に頼んで書いてもらうのです。

この場合、内科医でないといけないのでは、と思いがちですが、意見書は診療科を問わないので、心当たりのあるかかりつけ医がいたら何科であっても頼んでみることです。

要介護度の判定結果の通知が来るのは、申請日から30日以内ということになっていますが、それ以上かかることも珍しくありません。

判定は2段階。まず一次判定として、認定調査員の聞き取ったデータをコンピュータで判定します。つぎに二次判定として、地域の保健、医療、福祉関連の学識経験者で構成される介護認定審査会に一次判定の結果が送られ、主治医の意見書と合わせた審査を経《へ》て、要介護度が判

◀訪問調査のチェック内容▶

●身体機能と起居動作
- 身体にまひがあるか
- 寝返りを打つことができるか
- 支えなしで立つことができるか
- ひとりで片足立ちができるか

●生活機能
- 食事介助が必要か
- トイレに介助が必要か
- 歯みがきに介助が必要か
- 着替えに介助が必要か

●認知機能
- 自分の生年月日を言えるか
- 自分の名前を言えるか
- いまの季節を把握できているか
- ひとりで外出し、帰宅できるか

●精神・行動障害
- 被害妄想はないか
- 作り話をしないか
- 感情が安定しているか
- 急に大声を出すか

●社会生活への適応
- 自分のお金を管理できるか
- 買い物に介助が必要か
- 集団にとけこめるか
- 簡単な調理ができるか

定されるのです。ただし、主治医の書類の待ち時間や審査会が開催されるタイミングによって、結果が出るのが遅れることもあるようです。

となると、心配になるのは判定結果が出る前に、親の体に異変が生じ、すぐに介護サービスが必要になったケースでしょう。判定以前にサービスを受けるわけですから、1割負担は適用されず、全額負担になるのではと思うのではないでしょうか。

しかし、心配する必要はありません。急を要する場合は、認定調査より先に担当ケアマネが決まり、家にやってきます。そして、ケアマネが利用者の心身の状態を観察し、要介護度を予測。それをもとにケアプランをつく

◀介護サービス開始までの流れ▶

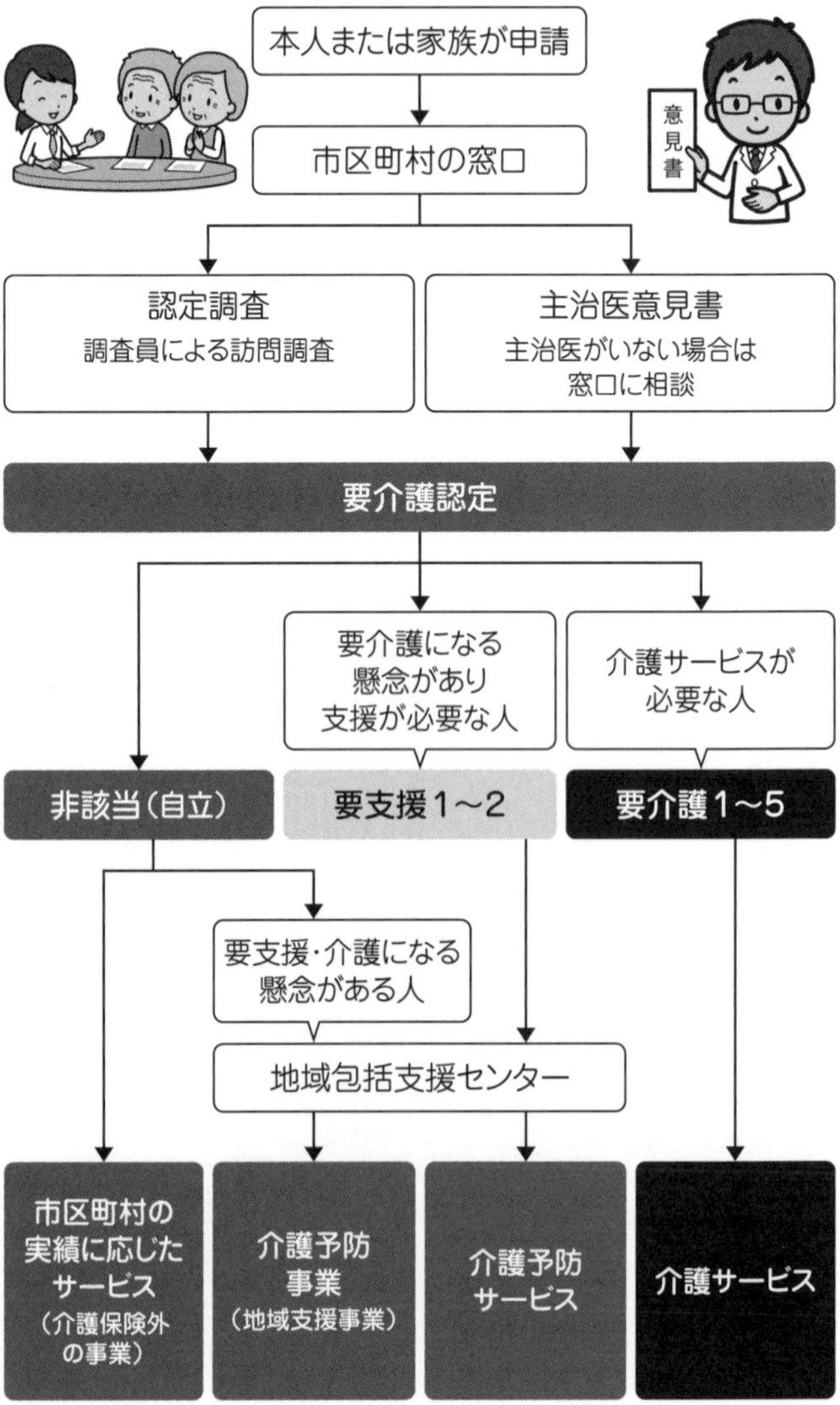
本人または家族が申請
意見書
市区町村の窓口
認定調査
調査員による訪問調査
主治医意見書
主治医がいない場合は
窓口に相談
要介護認定
要介護になる
懸念があり
支援が必要な人
介護サービスが
必要な人
非該当（自立）
要支援1～2
要介護1～5
要支援・介護になる
懸念がある人
地域包括支援センター
市区町村の
実績に応じた
サービス
（介護保険外
の事業）
介護予防
事業
（地域支援事業）
介護予防
サービス
介護サービス

り、サービスを開始します。

認定調査はそのあととなり、しかも判定結果が出るまで1か月かかりますが、**調査以前に受けたサービスも介護保険の適用対象となり、1割負担で済む**のです。

ケアマネの予測と判定結果が一致するとは限りませんが、予測より要介護度が軽かったとしても、それを見越して介護サービスを組むので、支給限度額をオーバーすることは少ないそうです（ケアマネの予測よりも要介護度が軽く、受けたサービスの一部が全額負担になってしまうこともまれにはあるそうですが、ケアマネはそのリスクを説明しておくのが務めですし、大きな負担にならないよう配慮しているとのことです）。

自宅で介護を受けながら暮らすのが基本

介護が始まろうとしているとき、介護をする人が思い違いをしがちなことがあります。それは、居宅での介護と施設入所のふたつの選択肢があると考えることです。

しかし、介護は居宅からスタートするものであり、それをつづけるのが大原則。**施設入所は居宅での介護が限界を迎えたときに浮上する選択肢**なのです。

居宅介護が重視されるのは、国の方針ということもあります。国が推進《すいしん》しているのが「地域包括《ほうかつ》ケアシステム」。要介護になった人も、住み慣れた地域で自分らしい生活をつづけられるように地域で支えていこうというしくみのことです。

その拠点《きょてん》となるのが各自治体に設置されている地域包括支援センターであり、個別に要介護者に対応するのが居宅介護支援専門員、つまりケアマネジャーということになります。

また、それ以上に居宅での介護が優先されるのは、介護される人自身の気持ちの問題があります。厚生労働省が高齢者を対象に「最期を迎えたい場所」についてアンケート調査（平成28年『厚生労働白書』）をしたところ「自宅」と答えた人が54・6％と半数以上を占《し》めました。

これに次いだのが「病院などの医療施設」で27・7％。そして「特別養護老人ホーム」などの福祉施設」と答えた人はわずか4・5％でした。

この調査結果を介護に置きかえてみれば、「できれば自宅で最後まで介護されたい」「病気になってそれが叶《かな》わなければ、病院に入院するのも仕方がない」「施設に入れられるのは嫌だ」ということになるでしょう。**高齢者施設にみずから進んで入りたいという人は、ほとんどいない**のです。

ただし、体の衰えや死がまだ身近なものと感じられない世代の介護者には、その気持ちがわかりません。インターネットで高齢者施設をチェックしてみると、どこもきれいで設備が整っています。介護のスキルをもつスタッフがそろっていて、食事や入浴をはじめ、生活のことは心配ないですし、体調が急変した場合も対応してくれる。そのように合理的に考え、「施設に入れば安心じゃないか」と思うわけです。

入居費が安価《あんか》な特別養護老人ホーム（特養）にしても、最近は個室が多くなり、快適に暮らせそうに見えます。入所希望者がキャパシティをはるかに上まわっており、入所の順番待ちの人であふれているという報道を目にすることも多く、やっと入所が決まれば、大喜びするといった話もあります。しかし、大喜びするのは介護をする人であって、入所する本人ではありません。

介護家庭で施設入所の話が出ると、介護される人と介護する人、つまり親と子のあいだでは長い論争に発展することが多いはずです。気が強いタイプの親なら断固《だんこ》拒否するでしょう。気がやさしい親の場合は、入所を了承するかもしれません。それは、子どもに迷惑をかけたくないという親心からの譲歩であって、心のなかでは泣いているのです。

なぜ、介護される人は、それほど施設への入所が嫌なのでしょうか。

やはり、自宅がいちばんなのです。住み慣れているし、思い出もたくさんあるし、愛着もある。そんなホッとできる場所から出ていきたくないという思いがまずあります。しかも、人生の最終盤。まったく新しい環境、見ず知らずの人たちのなかで暮らすのは酷《こく》というもの。なんでこんな目に遭《あ》わなきゃならないのか、と思うわけです。

くわえて、その昔、日本で行なわれていたといわれる「棄老《きろう》」に通じる悲しさもあるでしょう。施設に入れられるのは「自分がもういらない人間で、家族から見捨てられた」と感じるのです。

なお、少数ですが、みずから進んで高齢者施設に入居する人もいます。介護付き有料老人ホームという、おもに民間企業が運営している施設があります。有料老人ホームは総じて入居費や月額利用料が高いため、好みの施設に順番待ちをすることなく入居できるのがメリットです。

そのなかには、「高級有料老人ホーム」と称される施設があり、入居費は3000万円以上、月額利用料も30万円以上といったところがあります。これだけのお金を取るのですから、居住環境は高級ホテルなみ。スタッフの対応も配慮が行き届いており、快適に暮らせます。

また、他の入居者も裕福《ゆうふく》な人たちなので、アッパークラス同士のいい人間関係ができたりもします。お金持ちで子どもの世話にはなりたくなく、ひとりで、あるいは夫婦で優雅《ゆうが》な老後を過ごそうという人がみずから入居するのです。しかし、こんな選択は誰もができるわけではありません。

ともあれ施設入所は、在宅での介護をつづけ、できる限りのことはしたが、認知症の症状が進んで介護する人の手に負《お》えなくなったり、介護する人や家族の事情で「自宅での介護はもう無理だ」と、限界を迎えたりしたときにする選択なのです。

この点では、頼れるケアマネも問題なケアマネも同じ認識をもっているはず。**介護が始まったら、在宅でできる限り頑張るという覚悟をもたなければならない**のです。

介護の中心的な担《にな》い手になるのは誰か

介護が始まるとき、そして介護中ももめることがあるのが「誰がおもに介護するのか」の問題です。

選択の余地《よち》などなく、介護者になる人もいます。老夫婦がふたりだけで住んでいて、どちらかが介護される側になったケース。子どもがいなかったり、いたとしても遠くに住んでいる場合は、配偶者が介護をするしかない。つまり「老老介護」です。

介護する側も高齢ですから困難がともないますが、配偶者という立場上、頑張るしかありません。また、親ひとり子ひとりの場合も当然、子が介護をすることになります。もめるのは、介護される人に子どもが複数いるケース。兄弟姉妹がいて、このなかの誰がおもな介護者になるかという状況です。常識的に見た優先順位はあります。親と同居している子がいれば、その人で決まりでしょう。

いない場合は、親の住む家のいちばん近くにいる子、兄弟のなかの女性、いちばん上の子が候補にあがります。しかし、おもな介護者になったら、大きな負担を背負《せお》うことになる。それが嫌で押しつけ合いをするわけです。

理想をいえば、兄弟の仲が良く、いちばん上の兄か姉をおもな介護者として立てたうえで、全員が負担を分け合ってケアするのがいいのですが、そううまくはいきません。くわえて、親の死期が近づいているときの行為ですから、遺産相続の問題もからんできます。

ですから、介護が始まるときは、**兄弟全員が集まる機会を設け、各々《おのおの》どれだけの介護負担ができるのかを話し合っておきたい**ところです。また、内容が生々《なまなま》しくて話しづらいかもしれませんが、相続のことにも触《ふ》れ、文書に残しておくこともしたほうがいいでしょう。このあたりをきっちりしておくかどうかでも、介護のストレスが違ってくるのです。

もうひとつ、もめるパターンがあります。介護される人の息子が、立場上、介護をすることになったが、「自分にはケアなんか無理」と思いこんで、仕事があることなどを口実《こうじつ》に、お嫁さんにケアを押しつけるケースです。

介護される人が母親の場合、お嫁さんは姑《しゅうとめ》のケアをすることになる。姑と嫁の仲が良ければいいですが、不仲であった場合、お嫁さんは嫌で仕方がないでしょう。また、相手が舅《しゅうと》だったとしても気の進まない行為であり、相当なストレスをためこむことになります。その結果、そんな苦行《くぎょう》を強《し》いる夫を許せなくなり、夫婦仲が崩壊することも多いのです。

こうした危機を回避《かいひ》するには、息子がケアから逃げていてはダメ。みずから積極的にケアをする姿勢を見せるしかありません。仕事がある平日はなるべく早く帰り、夜のケアを担当する。休日のケアはすべて引き受けるといった気持ちを奥さんに見せ、実践《じっせん》することです。

つまり、兄弟にしても夫婦にしても、**誰かひとりにケアを押しつけるのではなく、介護をする立場にある人はケアに参加し、つらさを分かち合うことが大切**なのです。

そのいっぽうで、介護が必要なのに、介護する人がいないケースもあります。独居《どっきょ》の人です。ひとり身を通した人、家庭をもっていたが何らかの事情でひとりになった人もいますが、子がいても独居の人はいます。子が遠く離れた土地で家庭をもっており、ケアをするのが不可能なケースです。独居の人に対してはケアマネもひんぱんに訪問するようにしますし、ホームヘルパーを多めに入れる配慮をするものです。

また、見守り要員には民生委員《みんせい》がいます。民生委員は厚生労働省から委嘱《いしょく》され、各町内に配置される〝地域のなんでも相談員〟といった存在です。困りごとの相談に乗り、必要があれば関係機関につないで解決に導《みちび》く役割をもっています。

遠隔地に住む親が要介護になり、子がケアに行くことができない場合は、ケアマネに事情を話して独居対応をしてもらうことはもちろん、その地域を担当する民生委員にも連絡を取り、見守りや相談相手になることを頼んでおきたいところです。

「見守りサービス・機器」で安否をつかむ

見守りや安否確認をする方法は、まだあります。民間企業がさまざまな見守りサービスを提供しているのです。

日本郵便では、郵便配達の職員が介護される人の自宅を月1回訪問して生活状況などを聞くサービス、地域の電力会社やガス会社は、自宅の電気やガスの利用状況をモニターし、異変があればメールで介護をする人に連絡するサービス、警備会社は家の各所に設置したセンサーに異変が示されたら駆《か》けつけるサービスがあります。

どれもそれなりの料金はかかりますが、安心のため、このうちのひとつぐらいは利用してみるのもいいでしょう。

最近では見守りの機器を利用する人も多くなってきました。見守りカメラがそのひとつ。介護される人の部屋に設置しておくと、その映像がスマートフォンで確認できるもので、価格は1台3000円ぐらいから。安価なので各部屋に設置する人もいるようです。

見守りカメラは介護される人の姿を確認するための機器ですが、双方向《そう》で映像が確認できるテレビ電話も安価なものが出ています。親御《おやご》さんも子や孫の顔を見て話ができるのはうれしいですし、元気にもなる。スマホにもテレビ電話機能はありますが、高齢者には対応できない人も多いでしょうから、画面が大きい据《す》え置き型のテレビ電話は重宝《ちょうほう》するはずです。

お金の管理、介護費用の支払いは？

介護では、お金の面でも頭を悩ますことが多くなります。親しいケアマネに聞いたところ、**介護費用は、利用者の年金から支払うケースがほとんど**のようです。いま、要介護になっている世代は十分な額の年金をもらっている人が多く、1割負担の介護費用なら問題なく賄《まかな》えます。

生命保険文化センターの調査によれば、1か月の平均介護費用は7万8000円。食費や光熱費などの日常生活にかかる費用を加えれば10万円を超えますが、それでも年金で収まるはずです。利用者本人も、自分のことに使うのですから、年金から支払うことは了承《りょうしょう》してくれるでしょう。介護サービスを受けなければならなくなった親は気落ちしており、お金の話はしにくいものですが、ここは「介護費用は年金から出させてもらうから」といっておくべきです。

介護が始まる前に行なわれるサービス担当者会議では、サービスを提供する事業者が集まり、契約書を交《か》わしますが、自己負担金は親の口座から引き落とす手続きをしてください。自己負担金は事業者がサービスに来るたびに現金で支払うかたちも取れますが、ケアに追われている状況で支払うお金の用意に神経を使うよりも、自動引き落としのほうがいいのです。

介護サービス以外でも出費はあります。紙オムツも1か月分になれば、かなりの金額になりますし、前項で述べた見守りサービスや機器を利用するのにもお金がかかる。要介護になっている人はたいてい持病がありますから、医療費も必要です。

ところが、その費用を自由に引き出せるわけではありません。要介護になったからといって、お金の管理を介護する人に任せる、つまり預金通帳やキャッシュカードを渡す人はほとんどいないのです。

けっきょく、人は預貯金を自分以外の人の自由にさせたくないのでしょう。たとえ親子であっても、そこまで信用できないのかもしれません。

これも、ケアマネに聞いた話ですが、介護が始まったのを機にキャッシュカードを介護者である娘に渡したところ、その娘は自分のために散財《さんざい》を始めてしまったとか、口座の管理を息子に任せたら、借金返済に充《あ》てられてしまったといったケースはざらにあるということです。

ただ、何かきっかけがあれば、すんなりと預貯金の管理を任せてくれることもあります。

私の父がそうでした。要支援のころは通帳・キャッシュカードの保管場所さえ教えてくれなかったのに、突然立てなくなり、要介護3の寝たきり状態になったときは、自分で銀行に行くことはもうできないと悟《さと》ったようで、みずからキャッシュカードを私に渡し、暗証番号も教えてくれたのです。

しかし、そういう出来事が起こるとは限りませんし、そのまま時間が経《た》って認知症の症状が出たりしたら、暗証番号もわからなくなる可能性もあります。

そうした状況を避けるためには、**早いうちに親と話し合い、お金の使い方のルールを明確にしておきたい**ところです。通帳・キャッシュカードは親が管理していてもいい。ただ、「毎月、介護費用にこのぐらいの金額がかかるから」と説明し、月1回、親の口座からその金額を引き出すことにする。そして、引き出したら記帳した通帳を親に見せ、確認してもらうことをルールにすれば、お金のことで気を使ったり、あわてることも少なくなります。

なお、親の年金受給額や預貯金が少ない場合は、介護する人が不足分を補てんするしかありません。兄弟がいる場合は、負担を均等《きんとう》にする取り決めをしておきたいところ。お金の問題は血のつながった親子や兄弟・姉妹のあいだでも、こじれると収拾《しゅうしゅう》がつかなくなることがあるので、冷静な話し合いができる段階で明確なルールづくりをしておいたほうがいいのです。

また、家計の問題や金銭面の悩みがあったら、ケアマネに相談することも考えたほうがいいでしょう。たいていのケアマネは生活保護受給者をはじめ、経済的に苦しい利用者を担当した経験をもっています。お金の悩みを相談するのは家の恥をさらすようで話しづらいものですが、ケアマネ側は「よくあること」として、ふつうに受けとめるのです。

そして、事情をくんだ対応をしてくれるものです。数多くの事例を見ていますから、受けている介護サービスを削《けず》ったり、回数を減らしたりするだけでなく、介護生活をするうえでの節約法もアドバイスしてくれるはずです。とくに評判の良いケアマネは、そうした引き出しが多い。**お金の問題も、ケアマネの守備範囲**といえるのです。

2章

自宅での介護の成否はケアマネに在り

●ケアマネの役割と介護サービスの実際

自治体の職員ではないケアマネの立場と所属

ケアマネジャー（居宅介護支援専門員《きょたく》）は公務員か、それに準じる公的《こうてき》な職業と思っている人が多いのではないでしょうか。

介護は大方《おおかた》、市区町村の役所（役場）の担当課への問い合わせから始まります。職員から要介護認定の手続きなどの説明を受け、介護サービスを受けることになると、やってくるのがケアマネです。また、給料も現状は国の施策《しさく》である介護保険制度の保険金から全額支払われています。公的職業と思われてもおかしくない条件がそろっているわけです。

しかし、じっさいは**自治体の委託《いたく》を受けて仕事をする民間の専門職**なのです（ちなみに、要介護認定の調査員も民間人であることが多い）。

では、ケアマネはどんな組織に所属しているのでしょう。

まず、地域包括《ほうかつ》支援センター（包括）の職員がいます。包括は全国の市区町村に設置されている、地域の高齢者の介護・医療・福祉などにかんする相談や支援を行なう組織。市営、区営、町営、村営のほか、民間の社会福祉法人、社会福祉協議会、企業などが自治体から委託を受け

ケアマネが所属する地域包括支援センターと居宅介護支援事業所の違い

	地域包括支援センター	居宅介護支援事業所
どんな人向けか?	介護以外に生活の悩みもある人	介護保険を利用したい人
役割	介護、福祉、医療が連携した相談窓口	介護保険を利用した、介護が必要な人への支援
おもに対応するスタッフ	ケアマネジャー、社会福祉士、保健師など	ケアマネジャー
施設の運営	市区町村営、行政から委託された法人	株式会社や福祉法人などさまざま

て運営されているケースもあります。

居宅介護支援事業所（事業所）に所属しているケアマネもいます。数人のケアマネを雇用し、包括の依頼を受けて利用者宅に派遣する民間企業です。厚生労働省の調査によれば、1事業所の平均所属人数は約3人。小規模経営であることがわかります。

組織には属さず、単独で仕事を請《う》けおう「1人ケアマネ」もいます。

このほか介護付き高齢者住宅などの施設に所属するケアマネもいますが、担当するのはその施設の入居者に限られるので、在宅介護のケアマネは「包括所属」「事業所所属」「1人ケアマネ」の3種といえます。

事業所所属と1人ケアマネは包括に対し

て営業活動を行ないます。利用者にケアマネを送りこむ窓口は包括。包括に声をかけてもらわなければ、仕事が獲得できないからです。

介護職は人手不足といわれ、そのなかにケアマネも入るので不思議な気がしますが、ケアマネひとりあたりの利用者基準（35人）を満《み》たす人数を担当しないと十分な収入が得られないので、その枠《わく》に空きがあるケアマネは営業活動をする必要があるのです。

その点、包括に所属するケアマネは営業活動をしません。介護が始まる人、つまり新規の利用者が生じた場合、優先的に担当を割り振られるからです。といって、包括のケアマネがみな優秀だとか信頼できるというわけではありません。

事業所所属にも1人ケアマネにも、そして包括所属にも頼れるケアマネはいるし、問題のあるケアマネもいる。**所属先でケアマネの良し悪しを判断することはできない**と思ってください。

ケアマネ試験の合格率は20%以下

ケアマネは、いくつかの高いハードルを乗り越えなければ、なれない職業です。ケアマネ試験の受験資格は、**定められた国家資格所持者で5年以上の実務経験をもつ者**となっています。

まず、この国家資格を取るのが大変です。

受験のために所持しておかなければならない国家資格を挙げると、

「介護福祉士、社会福祉士、精神保健福祉士、理学療法士、作業療法士、視能《しのう》訓練士、医師、歯科医師、薬剤師、保健師、助産師、看護師、准《じゅん》看護師、義肢《ぎし》装具士、歯科衛生士、言語聴覚士、あん摩マッサージ指圧師、はり師、きゅう師、柔道整復師《せいふくし》、栄養士」

の21種があります。これらのいずれかの資格を取るには、それぞれ大学や専門学校に入って、その分野の勉強をして卒業するか、所定の実務経験を積まなければなりません。

そして資格試験に挑戦。難易度に差はありますが、そのハードルを越えて国家資格を取得。さらに5年以上の実務経験を積んで、初めてケアマネ試験の受験資格が得られます。

もっとも、受験資格があるといっても、ケアマネ試験を受けることのない人たちもいます。医師や歯科医師がそうです。本業が忙しいですし、十分な給与・報酬が得られますから、ケアマネ資格を取る意味がないのです。ごくまれに介護に関心のある人や資格マニアが受けることはあるそうですが、合格してもケアマネになる人はいません。

あん摩マッサージ指圧師やはり師、きゅう師なども、職業としての方向性が違いますから、ケアマネ試験を受験することはないでしょう。そのように見ていくと、ケアマネをめざす人の国家資格は限られてきます。

ケアマネの資格を取って職業としている人の資格別の割合は、おおよそ介護福祉士が6割、2割が看護師か准看護師、残る2割が社会福祉士と精神保健福祉士といったところです。

もっとも多い介護福祉士は、名称が示すとおり介護の専門職。もともと介護の分野で働きたいという志《こころざし》があり、そのための知識やスキルを身につけてきた人たちです。割合が多いのも当然です。

看護師（以下、准看護師も含む）は職業柄《がら》、ケアの知識やスキルをもっていますから、ケアマネへの転向を考えやすいポジションにいるということでしょう。

社会福祉士は高齢者に限らず、身体の障害や病気、困窮《こんきゅう》などの理由で日常生活が困難な人から相談を受け、支援にあたる専門職、精神保健福祉士は精神障害者の生活や社会復帰を支援する専門職です。分野は異《こと》なりますが、困っている人たちの手助けをしたいという思いがある点では共通しており、ケアマネと親和性《しんわせい》のある職業といえます。

では、ケアマネになるには、どれほど大変なのか。いちばん多い介護福祉士からケアマネになった人がたどるプロセスはつぎのようなものです。

介護福祉士国家試験の受験資格を得るには、福祉系の高校、大学、短大、専門学校を卒業す

◀ケアマネになるまで▶

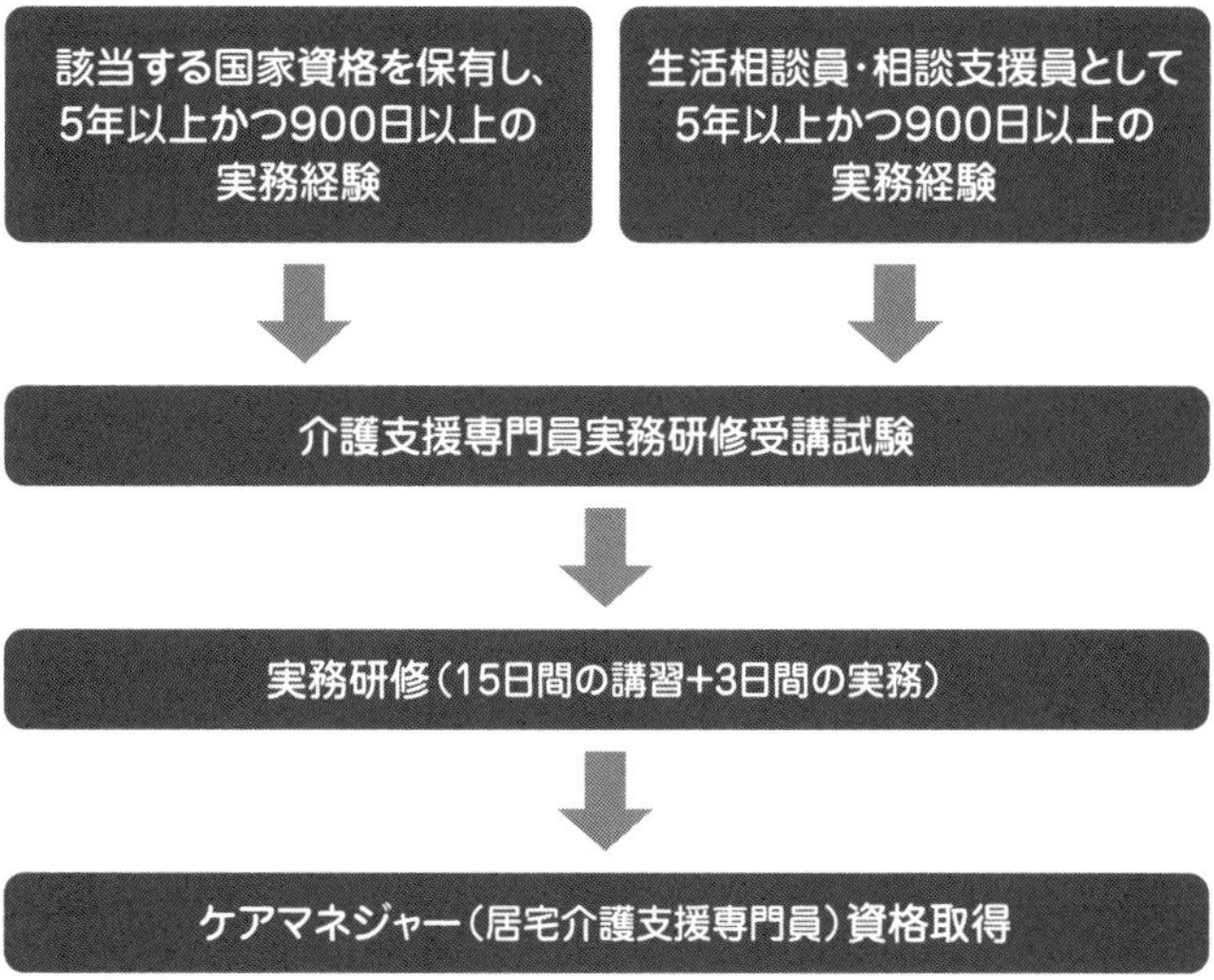

るか、介護施設などで3年以上の実務経験を積むことが必要になります。学校も卒業まで2~4年を要しますから、受験資格を得るまでだいたい3年はかかることになります。

介護福祉士国家試験の合格率は約70%なので、さほど難関とはいえませんが、それでも勉強は必要ですし、晴れて介護福祉士になっても、ケアマネ試験の受験資格を得るには5年以上の実務経験が必要です。

しかもケアマネ試験は難関。2019年に行なわれた試験の合格率は18・6%でした。さらに試験は年1回ですから、何年にもわたって受験し、落ちつづける人も少なくないといいます。

つまり、**ケアマネを志しても、なるまでに**

最短で約8年、長ければ10数年かかるのです。

ケアマネの6割を占《し》める介護福祉士出身者はもちろんのこと、残る4割の看護師、社会福祉士、精神保健福祉士も同様のキャリアを経《へ》ていますから、ストレートでいっても30歳前後、遅い人になると40歳近くになって始める仕事なのです。

ケアマネの年収、男性ケアマネの割合は？

これほどの長い年月をかけて勉強し、実務経験を積み、難関試験をクリアしてまでケアマネになろうとするモチベーションは何なのでしょうか。

まず、収入の面から見てみましょう。

厚生労働省の賃金構造基本統計調査によれば、2018年度のケアマネジャーの平均年収は385万円でした。すべての日本の民間労働者を対象にした国税庁の民間給与実態統計調査による平均年収は、2018年度が約441万円。ケアマネの平均年収は、日本人の平均年収に及ばないのです。

ただし、国税庁が出した平均年収を、日本人の給与水準と見ることはできません。一部の高額所得者が平均を引き上げているからです。

この誤差《ごさ》を除くために、年収を「中央値」で見る手法があります。年収の最上位と最下位の中間点の値を調べるもので、日本の年収中央値は350万～360万円といったところ。**ケアマネの年収は中央値よりは高いですが、それほど高額とはいえない**のです。

もっとも女性の職業として見た場合は高収入です。国税庁調べの平均年収は、女性に限れば287万円。ケアマネの平均年収は100万円近く高いのです。

ケアマネは女性が8割、男性が2割という比率です。介護はもともと女性労働者が多い業界ですが、ケアマネにも女性が多いのは、女性の職業にしては高収入という点があるのでしょう。

ほかにも、女性ケアマネが多くなる要素はあります。女性の多くは子を産み、育てます。誰もがこの役割を果たすのは、もともと女性に人のケアができる気質や感性が備《そな》わっているからでしょう。子育ての経験は介護のケアにも通じるものがあり、介護福祉士やケアマネはその経験を活《い》かせる職業ということもあります。

かつては「看護婦」と呼ばれていたことからもわかるとおり、看護師も女性が圧倒的に多い職業です。入院患者が看護師のケアを自然に受け入れるように、介護サービスを受ける利用者も、その家族も、女性のほうが受け入れやすい。また、ケアマネが直接、利用者のケアをすることはほとんどありませんが、仕事をするうえでは経験が活きてくるわけで、その点でも女性に向いた職業といえるわけです。

そのいっぽうで、2割と少ないものの男性ケアマネもいます。

じつは、男性ケアマネは貴重な存在です。女性が8割を占めるのですから、多くの利用者は女性ケアマネが担当につくことになりますが、なかには女性には手に余る利用者がいます。古いタイプの男性で女性蔑視《べっし》が染《し》みついていて、話をまともに聞いてくれない人もいる。認知症の影響で言動が暴力的になる人もいる。体を触《さわ》ってくるような人もいる。

在宅介護の現場はパワハラ、セクハラが起こりやすい場所でもあるのです。女性でもキャリアを積んだベテランは、そうした言動に遭遇《そうぐう》してもうまくかわす術《すべ》をもっているものですが、「あの利用者さんはどうしても無理」というケースはあるのです。

そういうときは、男性ケアマネの出番です。在宅介護業界では、トラブルを起こしがちな利用者のことを「困難事例」と呼んでいますが、それをおもに引き受けるのが男性ケアマネなのです。私が親しくしている男性ケアマネにも、身の危険を感じた経験が何度もあるという人がいます。

「独居《どっきょ》で認知症の男性利用者さんなんですが、訪《たず》ねていってドアを開けると、素《す》っ裸《ぱだか》で包丁を

もって立っていました。なぜか興奮状態で、『入ってきたら刺すぞ』という。あわてて引き揚げました」

と、彼はその一例を語ってくれました。

こんな難しい相手にも対応しなければならない。しかも男性ケアマネの場合、ほかの仕事とくらべて年収がとくに高いわけでもない。高いハードルを越えてケアマネになったのに、割に合わない仕事だともいえます。

それでもケアマネになるのは「気持ち」の部分が大きいように感じます。要介護者とその家族は、介護という重大事を前にして途方《とほう》に暮れている状態。親しいケアマネのひとりは「自分が介在《かいざい》することで少しでも力になれれば、という思いがあります」と語ります。**ケアマネになろうという人は、基本的に奉仕の精神をもっている**のです。

1人のケアマネが利用者30人ほどを担当

在宅介護のケアマネが担当する件数は「35件」という基準があります。

35件という数字の根拠のひとつは、厚生労働省（厚労省）の指導です。厚労省の「居宅介護支援の定義・基準」には「利用者35人につき、ひとりの居宅介護支援専門員（ケアマネ）を配置すること」と明記されているのです。

利用者やその家族に十分目配りし、対応する。つまり、ケアマネとしての役割を果たすには35件が限度という考えがあるのでしょう。

いっぽう、ケアマネが所属する包括や事業所サイドの事情もあります。介護サービスは原則、利用者の1割負担になっていますが、ケアマネの報酬は全額が介護保険料から支払われます。包括や事業所は、所属するケアマネが何件担当したかを書類にして厚労省に提出。担当した利用者の人数や介護度数に応じて、包括や事業所に居宅介護支援費として入金され、ケアマネの給料や事業所の経費に充《あ》てられるわけです。

居宅介護支援費は、1件あたり要介護度1と2の利用者が約1万円、要介護度3から5の人が約1万3000円。35人担当すると40万円以上になり、事業所の経営が成り立つようになるのです。この35人という担当数は上限として決められているわけではありません。受けられるのであれば、何人受けてもいいのです。ただし、40人を超えると居宅介護支援費は半額に、さらに60人を超えると3分の1以下に減額されてしまいます。

担当する件数が増えれば当然、ケアマネの仕事は増えて疲弊《ひへい》してしまいますし、40件を超えれば、たいして報酬（売上）につながらない。そうしたケアマネの負担や経営が成り立つラインを事業所は考えて、「ひとりのケアマネが担当する人数は、35人程度にしている」というわけです。

いっぽう、担当人数が35人に満たないケアマネがいる事業所や「1人ケアマネ」は、報酬が少ないため、経営や生活が苦しくなります。だから、利用者にケアマネを送りこむ窓口である包括に営業活動をするのです。

というわけで、ひとりのケアマネが担当する利用者は35人が基準であり、**多くのケアマネは30人前後を担当している**ことになります。ところが、この人数を担当するだけでも、相当大変なのです。

多岐《たき》にわたるケアマネの仕事と役割

では、ケアマネの仕事内容を紹介していきます。

まず、挙げられるのがケアプランの作成です。要介護になり、介護サービスが必要になった人の家を訪問し、利用者本人とその家族と面談。本人の体や気持ちの状態をチェックし、家族が抱《かか》える事情なども聞いたうえでケアプランをつくります。

ケアプランには利用者本人に必要と思われるサービスを盛りこみ、事業者のなかから利用者にもっとも適切なサービスを提供できると思われる人を選定し、連絡。その人たちを集めて「サービス担当者会議」を行ないます。利用者の介護を支え、状態を良い方向に向かわせるためのチームをつくり、情報を共有するわけです。

そして、そのケアプランをもって利用者宅を再訪《さいほう》。本人や家族にプランに盛りこんだサービスを説明し、訪問スケジュールを調整して合意を得ることで介護サービスがスタートします。

その後も「モニタリング」といって、月に1回以上は利用者宅を訪問し、利用者の状態や、いま受けている介護サービスが適正かどうかなどをチェック。課題が見つかれば、ケアプランを見直すこともあります。35件を担当している場合、休日を除けば1日平均で2軒は訪問することになるわけです。

しかし、介護現場の事情は、そう単純ではありません。ケアマネは公正中立が大原則ですが、**担当するすべての利用者に対して平等に目配りすることは難しい**ものです。

独居で認知症の人はつねにチェックしておく必要がありますし、ほかにも体の状態が急変した人、徘徊《はいかい》などで家族が苦労している人、トラブルを起こしがちの人などのもとにはひんぱんに通うことになります。利用者本人の状態が安定しており、家族もしっかり介護しているような家は、つい放《ほう》っておきたくなるわけです。

とはいえ、月1回以上のモニタリングをしないと報酬を減額される罰則を受けるため、欠かすことはできない。結果、日中は数多くの利用者の家の訪問に費《つい》やされることになります。

それらを済ませ、事業所に帰ってからはデスクワークが待っています。介護サービスで発生する介護給付費の管理もケアマネの仕事。利用者へのサービス利用票とサービス事業者へのサービス提供票を作成してサービスが行なわれたことを証明し、事業所に介護給付が適正に行なわれるように必要書類をつくって提出しなければなりません。

また、日報の記入を課す事業所もあります。その日何軒の家を訪問し、利用者はどのような状態だったのかを詳細《しょうさい》に記入するといいます。研修などによる不在時に、別のケアマネに対応してもらうことがあるため、日報で情報を共有する必要があるのです。

パソコンに向かい、そうした書類をつくっているときも、サービス事業者から電話が入ったりします。彼らは利用者に異変を感じたとき、ケアマネに報告しなければならないのです。

35人の利用者を担当していれば、その35人をつねに気にかけておかなければならず、適切に対応する必要もある。私からすれば「そんなすごいこと、よくできるなあ」と思うような仕事

◀ケアマネの仕事内容▶

●**ヒアリング**…介護にかんする相談の依頼があった家庭を訪問して面談、ヒアリングを行ないます。

●**要介護認定の申請**…介護保険サービスを受けるために市区町村に要介護認定の申請を行ないます。申請は利用者や家族が行ないますが、ケアマネジャーが代行することも。申請後に介護認定調査員による訪問調査があります（ケアマネジャーが市区町村から委託を受けて調査を行なう場合もある）。

●**ケアプランの作成**…訪問調査、審査を経て要介護認定されると、介護保険サービスが受けられるようになります。ケアマネは、どのようなサービスが必要なのかを把握し、ケアプラン（介護サービス利用計画書）を作成します。

●**事業者の選定**…利用者にサービス事業者を紹介し、希望に合った事業者を選定します。

●**サービス担当者会議の開催**…サービス事業者の担当者や利用者、家族など関係者を集め、サービス担当者会議を開きます。ケアマネジャーは会議を取りまとめ、ケアプランの検討や確認、情報共有を行ないます。

●**モニタリング**…ケアマネジャーは定期的に利用者を訪問して状況を確認します。必要に応じてケアプランを変更することも。

●**給付管理票の作成**…サービス利用予定と、事業者がじっさいに提供したサービスの実績に間違いがないかを確認し、給付管理票を作成。国民健康保険団体連合会に送付し、請求します。

です。

なお、35人が基準とはいえ、やむをえない事情でそれを超える利用者数を担当するケアマネもいるそうです。要介護者数にケアマネの数が追いつかない地域です。

ある島では、要介護者が100人以上いるのにケアマネはひとりしかおらず、すべての人を担当しているケースがあるとか。そんな地域ではケアマネの良し悪しなどいってはいられず、担当してもらえるだけでありがたいと思わざるをえないでしょう。

ところで、ケアマネは自分の仕事を「報《むく》われている感」が少ないと感じることが多いといいます。

35人を担当しているケアマネにとって、ひとりの利用者は35分の1の存在です。もちろん、利用者の自宅を訪問し、体の状態や受けている介護サービスについて面談しているときは、その人のことに集中していますが、それが終われば、別の35分の1の人に意識を向けるのです。

しかし、利用者から見れば、そのケアマネは自分を担当する、たったひとりの存在。ひとりのケアマネが30人以上を担当しているなどという知識もありませんから、自分のケアに全力を注《そそ》いでくれていると考えます。

その温度差が原因で、ケアマネと利用者の信頼関係にひびが入ることもあるのです。

利用者からは見えづらいケアマネの業務

ケアマネの仕事は、利用者には見えづらいという一面もあります。

訪問介護のホームヘルパーはオムツの取り換えをしたり、体を拭《ふ》いたりしてくれる。生活援助で居室《きょしつ》の掃除をしたり、食事をつくったり、買い物にも行ってくれます。訪問看護師は医者がわりに体の状態を診《み》てくれますし、訪問入浴のスタッフはそれこそ肉体労働で自分を風呂に入れてくれる。利用者にとっては、自分のために行なわれているサービスが形として見えるし、実感できるのです。

ところがケアマネは、介護が始まるときには〝いの一番〟にやってきて、介護サービスについて説明し、相談にも乗り、ケアプランをつくってくれますが、その利用者の状態が安定していて家族も介護に前向きな、いわば「手のかからない家」の場合は、訪問するのはモニタリングで訪れる月1回ぐらいのもの。

「あの人は最初のころは何度も来て親身に話を聞いてくれたけど、その後はたまにしか来ないね。手を抜いているんじゃないの?」

と思われたりするわけです。

しかしじっさいは、介護サービス事業者と連絡を取り合ってその利用者の状態をチェックしているし、現在のケアプランが適正かどうかも考えている。**月に1回程度しか来ないといっても、その利用者のための仕事はしている**のです。激務なうえ、担当している30人前後の利用者につねに目配りをしなければならない大変な仕事なのです。これはサービスを利用する側も知っておいたほうがいいでしょう。

ただ、激務だからこそ、利用者が望む仕事ができるかどうかの良し悪しの差が出ることがあるともいえます。

同じケアマネの仕事とはいえ、利用者への対応と書類作成などのデスクワークは質の異なる行為であり、頭の使いどころも違います。利用者への対応はコミュニケーション能力が必要で信頼関係を築《きず》くのにも人間性が問われるのに対し、デスクワークは事務処理能力です。

その切り替えが上手《うま》くできる人は、意識をより多く利用者に注ぐことができますし、それができずにいつも事務処理に追われているような人は、利用者のことを親身になって考える余裕がなくなるというわけです。

訪問サービスには、どのような種類があるか

要介護認定が済み、担当ケアマネが決まると、利用者宅でサービス担当者会議が行なわれます。出席するのは利用者、おもな介護者、ケアマネ、ケアプランに組みこまれたサービスの事業者。

会議を進行するのはケアマネで、利用者の心身の状態とそれに対するケアの方向性、ケアを行なううえでの約束事などを打ち合わせ、情報を共有します。

この会議の時点では、介護をされる人も、介護をする人もケアの知識はほとんどないはずですが、サービスがスタートする前の大事な会議ですから、わからないことがあれば何でも質問し、理解しようと努《つと》めたいものです。そうした介護に対する前向きの姿勢を見せることが、ケアマネやサービス事業者の印象を良くし、仕事に対するモチベーションにつながるからです。

また、介護が始まるにあたって、どのようなサービスがあるか頭に入れておきたいものです。

居宅サービスは、大きく訪問サービスと通所サービスのふたつに分けられます。

訪問サービスには、次ページの表のようなものがあります。

◀訪問サービスの種類▶

●訪問介護（ホームヘルパー）

利用者の体に直接触れて行なう「身体介護」と日常的な家事をサポートする「生活援助」に分かれており、介護報酬（利用料）も異なります。

身体介護…食事、排泄、入浴の介助、衣服の着脱、床ずれ予防の体位変換、歩行介助など
生活援助…掃除、ゴミ出し、洗濯、食事の調理、買い物

●訪問看護

持病がある利用者に対して、看護師が訪問し脈拍や血圧の測定、病状観察などを行ない、療養のアドバイスなどをします。担当看護師は利用者の主治医と連絡をとり合っており、その指示によって注射や点滴の処置などを行なうこともあります。

●訪問リハビリテーション

主治医の指示のもと、理学療法士や作業療法士が訪問してリハビリを行ない、身体機能の回復をめざします。

●訪問入浴

寝たきり状態になるなどし、自力で自宅の風呂に入れない人に対し、専門のスタッフが居室に浴槽を運びこみ、入浴のサービスを行ないます。浴室まで行ける状態なら、ホームヘルパーが入浴の介助を行なえますが、それが困難な人は訪問入浴を頼るしかありません。体の清潔を保つと同時に、精神的にもリラックスしてもらう意味をもつサービスです。

●居宅療養管理指導

医師や看護師などが定期的に自宅を訪問し、病状を観察。療養上の管理、指導を行ないます。

訪問介護で、できないこともあります。「身体介護」では医療行為が禁じられています。ただし、自動血圧計での血圧測定や、わきの下での体温測定は許可されています。可否《かひ》の境目が素人《しろうと》では判断がつかないので、してほしいことがあれば、ダメ元で頼んでみてもいいでしょう。「生活援助」では、利用者本人に対する援助はOKですが、介護をする人など家族も含む援助はNGです。掃除なら、利用者の居室やトイレのみ。窓拭《まどふ》きも禁じられています。年末の大掃除のときにするような清掃をお願いすることはできないとイメージするとよいでしょう。

また、庭の掃除や草取りもできません。利用者が日常的に使う部分の掃除に限られるということです。洗濯も利用者本人の衣類だけに限られます。

なお、定期的に訪問することはないため、訪問サービスの範疇《はんちゅう》には入りませんが、介護には欠かせず、介護保険も適用されるものがあります。**介護のための環境を整えるサービス**です。

そのひとつが福祉用具レンタル。介護用ベッドやベッド対応のテーブル、車椅子などを原則1割負担で借りることができます。また、居室用の便器はレンタルできないため購入することになりますが、その購入費用も年間10万円までなら1割負担になります。

自宅に手すりをつけたり、段差を無くしたりする改修工事にも介護保険は適用されます。工事費が20万円以内であれば、1割負担で済むのです。

デイサービス、ショートステイへの抵抗感とは

自宅よりも設備の整った施設に行って受けるのが通所サービスです。要介護者用の機能を備えたクルマで送り迎えしてくれるため、足が不自由な人や車椅子の人も安心して利用することができます。

介護される人は、居宅にずっといると孤立感に襲われますし、気分的にも沈みこんでしまいます。外出し、いつもと違う環境に身を置けば気分がリフレッシュできる。大勢の人がいるところに入っていけば刺激になり、心身の回復のきっかけにもなるというわけです。

介護する人にとっても、大きなメリットがあります。**仕事をもっている人は、利用者が通所サービスに行っているあいだは仕事に集中できる**からです。介護に専念している人も、通所サービスのあいだは介護から解放され、息抜きもでき、ふたたび介護に向かう元気が取り戻せるのです。

通所サービスには、大きく分けて3つの種類があります。次ページの表に、その特徴を示しました。

◀通所サービスの種類▶

●**デイサービス（通所介護）**

デイサービスには1日型と半日型がありますが、短くても3時間、長ければ9時間、施設で過ごすことになります。その間、提供されるサービスは、看護師による健康チェック、入浴、昼食、排泄介助、機能回復のリハビリ、利用者同士のレクリエーションなどです。

●**デイケア（通所リハビリテーション）**

リハビリ設備の整った老人保健施設（老健）や病院などに通い、理学療法士や作業療法士から機能訓練を受けます。

●**ショートステイ（短期入所生活介護・短期入所療養介護）**

1泊2日から長ければ30日程度まで施設に入所するのがショートステイ。「生活介護」と「療養介護」の2種類があり、生活介護は特養などの福祉施設、療養介護は老健などの医療施設に入所することを意味します。

ここまでは通所サービスをポジティブに紹介してきましたが、じつは利用者には通所サービスに拒否感を示す人がけっこういて、介護する人とのあいだで、行くかどうかをめぐってもめることがよくあるのです。

なぜなら、利用者にとっては、このサービスが自分のために必要だから「行く」のではなく、介護者である娘や息子の都合で「行かされる」ことだからです。

介護者が説得するときは、

良いことをたくさん並べます。「デイサービスに行けば、お風呂に入ってスッキリできるし、大勢のなかでお昼も食べられる。ウチにいるより楽しいと思うよ」などと。しかし、気持ちは動きません。通所サービスを利用するのは、**娘や息子が自分の仕事を優先しているから、あるいは息抜きをしたいからということがわかる**からです。

施設入所を説得されるときの「見捨てられる感」ほどではないにせよ、自分がないがしろにされているようで不愉快《ふゆかい》なのです。

また、男性の利用者には、知らない人たちのなかに放りこまれること、しかも全員が要介護の高齢者で、その人たちと同列に扱われることに拒絶感《きょぜつかん》をもつ人が多いそうです。自分も要介護であることを差しおいて、プライドが傷つけられるわけです。

その点、女性利用者は順応性《じゅんのうせい》がある人が多く、最初は嫌がっていても我慢して行ってみると「意外に楽しかった」という反応が多いのだとか。すぐに友達をつくり、その人と話をするのが楽しみで通所サービスが大好きになる人も多いそうです。

男性にもごく少数、順応できる人はいるようですが、多くは慣れることができません。デイサービスではレクリエーションの時間があり、利用者同士が簡単なゲームをするのですが、幼児の遊びに近いものもあり「バカバカしくてやってらんねえ」と怒って、行かなくなる人もいるといいます。それでも仕事をもつ介護者は、デイサービスを利用してもらわなければ困るので、説得をくり返して行ってもらうのです。

このデイサービスより、さらにハードルが高くなるのがショートステイです。ショートステイは短期入所。宿泊込みのサービスです。介護をする人が仕事で泊まりがけの出張に行くとき、あるいは旅行に出かけるときなどに利用します。

いっぽう、介護される人にとっては、デイサービスなら日中だけだから我慢もできる。しかし、宿泊を含む長い時間、息子（娘）の都合で自分が施設に預けられるということは許せないわけです。

それでも心やさしい親なら「息子（娘）の仕事のためだから仕方がない」と思うかもしれません。しかし、その理由が旅行のためだと知れば、とても許容《きよよう》できなくなるのです。

その点、デイケアはリハビリによる機能回復という目的が加わるぶん、利用者の抵抗感は少ないといえます。いずれにしても、通所サービスは利用者と介護者のあいだに軋轢《あつれき》を生みがちなサービスであることを知っておいたほうがいいでしょう。

「でも、そこをなんとか乗り越えて、利用しなければいけないと思います」と語るのはケアマネの高橋さんです。

「利用者さんが通所サービスに抵抗感をもつ心理はわかります。でも、介護者がそれを気にしすぎると離職《りしょく》まで考えることになってしまう。仕事を辞《や》めれば親御《おやご》さんにつらい思いをさせなくて済むと思うわけです。しかし、先々のことを考えれば、離職は避けなければなりません。ケアマネは利用者さんが通所サービスに行く、行かないでご家族ともめる場面に何度も遭遇していますす。その経験上、抵抗感をできるだけ軽くし、行ってもらう説得法も身につけている。そうした方法を介護者に伝えるのもケアマネの務めだと思っています」

こうした利用者と介護者の気持ちをくみ取ったうえで、的確なアドバイスができるのが、頼りになるケアマネといえそうです。

「行かされる」から「行きたくなる」デイサービスへ

デイサービスをはじめとする通所サービスに行きたがらない利用者（とくに男性）が多いという話をしましたが、サービス事業者もそれを認識していて、課題を見直し、誰もが行きたくなる新たな要素を盛りこむ努力をしています。

とくにデイサービスは参入する事業者が多く、近年設立ラッシュがつづいています。団塊《だんかい》の世代が75歳を迎え、国民の4人に1人が後期高齢者になる2025年は目の前。ニーズが増えるいっぽうだからです。そのため、デイサービスはすでに過当競争《かとう》状態にあり、さまざまなアイデアで利用者獲得にしのぎを削っているのです。

最近目立ってきているのは、男性利用者でも楽しめる工夫。不評を買っていた簡単なゲームではなく、**麻雀や囲碁《いご》、将棋ができるところが増えています**。麻雀は男性ならたいていの人がのめりこんだ経験がありますし、囲碁、将棋に目がない人も多い。しかも頭を使うから認知症予防にもなります。

「行きたくない」とゴネている利用者も「麻雀ができるみたいよ」といわれれば行ってみる気になるでしょう。そして、卓を囲んでいるときは時間があっというまに過ぎますから、長時間いても苦にならないですし、顔見知りもたくさんできる。囲碁、将棋も同様です。

自分が楽しむために行くのであれば、介護者の都合で「行かされる」のではない。説得する必要もなく、進んでデイサービスに行ってくれるわけです。

ほかにも、趣味を通じたサークル活動、新たなことを学ぶ活動などを取り入れている施設があります。趣味では陶芸《とうげい》、書道、俳句、絵手紙など、学習は英会話、パソコンなどです。また、カラオケやフィットネストレーニングができるところも珍しくなくなっています。

利用者にとって、これらを行なうことは、要介護になって落ちこんだところからの復活であり、新たなチャレンジでもある。気持ちを前向きにし、元気を取り戻すきっかけにもなります。介護をする人にとっても、利用者本人が楽しんでくれれば心置きなく仕事ができる。過当競争によって生まれた新たなタイプのデイサービスは、利用者・介護者とも喜ばせているのです。デイサービスを利用する必要が生じたら、**ケアマネに利用者の好きなことや趣味を伝えておくといい**でしょう。条件に合った施設を探してくれるはずで、そうすれば、行く行かないで、もめることはありません。

ケアマネの能力は「ケアプラン」から読み取れる

ケアマネは利用者の心身の状態を観察し、介護者の事情も聞いたうえで、必要なサービスをケアプランに組みこみます。

頼れるケアマネは必要と判断したサービスはしっかり入れますが、それ以外はセーブし、支給限度額の枠に余裕を残したケアプランをつくります。

原則1割負担とはいえ、サービスが多くなれば利用者の負担は重くなりますし、介護保険の財源を無駄づかいしたくないという意識も働く。必要最小限のサービスで効果が出るケアプランをつくる努力をするわけです。

ところが、なかには必要かどうかの検討もたいしてせずに、**あれもこれもと過剰《かじょう》にサービスを盛りこみ、支給限度額を超えるケアプランをつくるとんでもないケアマネもいます。**支給限度額を超えたサービスは利用者の全額（10割）負担になります。10万円ぐらいは、すぐに超えてしまうのです。

要介護度別の支給限度額も、冷静に見ると、すごい金額です。要介護3で月額27万円超、いちばん重い要介護5にいたっては36万円超です。利用者負担の1割を引いても32万円あまりになります。支給限度額ギリギリまでサービスを入れているケースは少ないでしょうが、これだけの額がかかる可能性はあるということです。

もちろん、けっして安くない介護保険料を払いこんできたのですから、この額分のサービスを受ける権利は十分あるわけですが、ひとりの要介護者に介護保険料から月々最大32万円が支払われるというのは驚きですし、財源も心配になります。

ただし、個々のサービス料を見ると、そう高いわけではありません。たとえば、ホームヘルパーの身体介護。60分未満の場合は３８８０円です。約1時間で食事や排泄《はいせつ》、入浴の介助をしてくれて、この料金なら納得です。

また、要介護3の人が8時間デイサービスを利用したとすると9000円弱です。クルマで送迎してくれて、入浴、食事、レクリエーションのサービスを受けてこの料金は妥当《だとう》なところでしょう。しかし、これらが1か月積み重なっていくと、20万円ぐらいはすぐに超えてしまうのです。

だからといって、支給限度額は国が決めたわけですし、利用者が財源を心配して、サービスを制限する必要もありません。ただ、**心あるケアマネはそうした配慮が頭の片隅《かたすみ》にあり、必要最小限で効果があがるケアプランをつくろうと努力する**のです。

そのいっぽうで、介護サービスを切りつめ、介護報酬を少なくすることに情熱を燃やすケアマネもいます。サービス事業者の介護報酬をみずから下げているのですから、わけがわかりませんが、そういうケアマネもいるのです。

介護者はケアプランが妥当かどうかをチェックし、ケアマネの能力を見定めることも必要だということです。

ケース1 偏《かたよ》った視点で物事を見るケアマネ

●1杯のコーラをめぐり、ケアマネ間の意見が対立

ケアマネの深川さん（40代・女性）は、主任ケアマネの中西さん（50代・女性）が経営する居宅介護支援事業所に所属しています。深川さんは30代前半でケアマネ資格を得ましたが、子育てのため一度引退。その子どもが中学に入り、時間に余裕ができたため、半年ほど前に中西さんの事業所に入り、ケアマネ復帰を果たしたのです。

しかし、最近になって所長の中西さんとケアの方向性をめぐって意見が対立することが多くなり、別の事業所に移ることを考え始めたといいます。意見が対立した一例を話してくれました。

「私が担当する利用者さんに、79歳の男性の方がいます。要介護3でほぼ寝たきり。糖尿病の持病があります。その利用者さんの大好物がコーラなんです。あの香りと炭酸の爽《さわ》やかさがたまらない快感で、コーラを飲んでいるときが至福《しふく》のひとときだとさえいいます。しかも、シュガーレスではなく、砂糖が入った昔からあるコーラがいいという。私も糖尿病の人に砂糖入り飲料がいけないのはわかっています。それをご本

人にも伝えました。

でもその方は、体の自由も利《き》かなくなったいま、ほかに楽しみは何もない。最後に残った楽しみがコーラを飲むことなんだと懇願《こんがん》されるんです。そこまでいわれれば禁止するのもどうかな？　と思うわけです。その方の糖尿病の症状も安定しているし、食事の糖質を少なくするとか、甘いお菓子などを控えることで糖分を制限することもできる。ご本人にも、その我慢をしてもらうことを条件に、1日に1杯だけコーラを飲んでもよいことにしたんです。

それが中西所長の耳に入り、ひどく怒られました。『糖尿病の人にコーラなんてありえない。それが原因で利用者さんの症状が悪化したらどうするの？　ケアマネ失格ね』とすごい剣幕《けんまく》。でも、私なりの考えがあってしたことなので、一方的にそういわれるのは納得がいきませんでした」

深川さんと中西所長のふたりを知るベテランケアマネが、この食い違いを説明してくれました。

「深川さんは介護福祉士からケアマネになった人、中西所長は看護師からなっている。この違いがケアに対する考え方や方向性の違いとなって表れることがよくあるんです」

ケアマネ試験の受験資格は、一定の国家資格を取得したうえで、5年以上の実務経験を積むことで得られます。この国家資格は21種ありますが、じっさいにケアマネになる人がもつ資格は限られます。介護福祉士、看護師、社会福祉士、精神保健福祉士です。その割合は先にも説明したとおり、介護福祉士6割、看護師2割、残る2割が社会福祉士と精神保健福祉士。この出身資格によって、ケアの考え方が異なる傾向があるそうなのです。

ベテランケアマネはこの一件について、こう語ります。

「もっとも異なる傾向が見られるのは、介護福祉士と看護師です。介護福祉士出身者は介護施設などでの実務経験を積んでいることもあって、利用者の生活を重視する傾向があります。いっぽう、看護師出身者は医療従事者の視点でケアを考えます。

ケアプランにしても、介護福祉士出身者は課題解決型のケアに重きを置く。ホームヘルパーによる身体介護や掃除、洗濯、買い物といった生活援助、体を洗ってスッキリしてもらう訪問入浴などです。

そして、看護師出身者は自立支援型のケアを重視します。体調や病状のチェックを重んじるため、訪問看護師を入れたがりますし、機能回復のためのリハビリ、大勢の人のなかで刺激を受けることで回復につなげるデイサービスを組みこむ傾向があるわけです。

わかりやすく表現すれば、介護福祉士出身者は利用者さんをできるだけラクに快適にする方向性をもっているのに対し、看護師出身者は少々つらさをともなっても利用者の状態を良くしようとするのです。深川さんと中西所長の食い違いがまさにそう。介護福祉士出身の深川さんは利用者さんが大好きなコーラを飲むことを容認し、喜びを与えました。でも、看護師出身の中西所長は、医療的見地《けんち》からそれが許せなかったわけです」

深川さんは、こう語ります。

「所長にいわれた以上、従うしかありませんから、コーラを飲むことは禁止になりました。数少ない楽しみを奪われた利用者さんは、笑顔を見せることが少なくなったような気がします。もちろん医療的裏づけがあるケアは大事です。でも、利用者さんに喜んでもらうことが元気につながることもあると思うんです」

医療的ケアを重視する中西所長のもとでは、自分らしいケアができないと感じた深川さんは、ほかの事業所に移ることを考えるようになったそうです。

●以前の職種によって異なる「介護のとらえ方」

ところでケアマネの出身国家資格のうち残るふたつ、社会福祉士と精神保健福祉士の出身者はどのような傾向があるのでしょうか。ふたたびベテランケアマネによる解説です。

「社会福祉士は高齢者の介護だけでなく、医療や児童、障害者の福祉など社会福祉全般に精通《せいつう》していますから、その出身者は客観的な視点でケアを考えることができ、問題解決能力にも秀《ひい》でていると思います。精神保健福祉士は精神障害者に対する相談や援助の実務を経験しています。弁が立ちますし、やはり問題解決能力がある。メンタルヘルスにも通じているので、悩みを抱える介護者にとっては良き相談相手になってくれるはずです。

ただ、両者にはウイークポイントもあります。介護現場での経験がなく、オムツ交換をしたことがない人が少なくないことです。つまり要介護者に対する細《こま》やかなスキルに欠ける面があるのです」

出身資格によって、こうした傾向の違いが出るのは仕方がないことです。しかし、本当は偏《かたよ》ることなく、バランスのとれた考え方ができるケアマネがいちばんいいとべテランケアマネはいいます。

「ケアマネは研修を受ける機会が多いんです。研修では数多くのケアマネと知り合いますし、そのなかには自分とは異なる国家資格出身者もいる。そうした人たちとケアに対する考え方や方法論を語り合い、良いものは取り入れるといった学びの姿勢をもっている人が良いケアマネといえるのではないでしょうか。中西所長のように、看護師の視点しかもたない人はダメなケアマネだと思います」

ともあれ、出身国家資格によって傾向の違いがあることはたしかです。担当ケアマネと話をするとき、何の国家資格をもっているのか、それとなく聞いてみるのも介護をつづけていくうえで参考になるはずです。

ケース2 自分が「主役」になってしまうケアマネ

●サービス担当者会議のはずがケアマネの独演会に

「利用者さんとそのご家族は、担当することになったケアマネが満足のいく仕事をしてくれる人かどうかもわからず、いわれたことに従っているだけ、という話をよく聞きます。でも、良いケアマネかダメなケアマネかが判別できる機会があるんです。介護が始まるときに行なわれるサービス担当者会議です」

こう語るのは、訪問介護事業所を運営している竹内さん（50代・女性）です。サービス担当者会議は介護サービスを開始する前に行なわれる会議。ケアマネが作成したケアプランに組みこまれたサービス事業者が、利用者宅に集合して開かれます。出席するのは利用者とその介護をおもに担《にな》う家族、ケアマネ、サービスを提供する事業者やその責任者です。目的は今後、介護支援をしていくにあたっての情報の共有。

ケアマネは利用者の課題と、その改善のためにケアプランに盛りこんだサービスを説明し、サービスを提供するうえでのルールなどを決めていきます。利用者・介護者には、それを了解してもらうとともに要望を聞き、サービスに反映させるのです。

自身もヘルパーとして20年近いキャリアをもつ竹内さんは、この会議に数えきれないほど参加してきました。そして、会議での言動から「良いケアマネかダメなケアマネかがわかるようになった」といいます。

「司会・進行を務めるのはケアマネです。その役割からもケアプランをつくった立場からも発言の機会は当然多くなりますが、ダメなケアマネはほとんどひとりでしゃべりっぱなしなんです。会議の主役は利用者さんと、そのご家族なんですが、ほとんど発言の機会を与えない。たしかに、介護をスタートするときのサービス担当者会議は、利用者さんもご家族も介護サービスの知識はほとんどないですから、何をしゃべっていいかもわかりません。それをいいことに話を振らないんです。

また、そういうタイプは介護初心者にはわからない専門用語を当たり前のように使いますから、ますます話せなくなります。でも、これから始まる介護の不安を取り除くために質問や要望を聞く大事な機会です。ケアマネとしては誰でもわかる言葉で説明し、『何でも聞いてください』といった感じの話しやすい雰囲気《ふんいき》をつくることが務めでしょう？　ダメなケアマネはそういう配慮に欠けるんです。

さらに、サービス事業者にも発言させてくれません。そういうケアマネはサービス事業者を下に見る傾向があって、『私がすべて決めるから話を聞く必要はない』という態度なんです。

そんな調子だから、会議とはいっても誰も発言しようとしません。発言しないということは主体的にサービスをしようという気持ちにもなれなくて、モチベーションも上がらない。その結果、利用者さんに良いサービスを提供できないということになるんです」

●自分のミスを認めようとしないケアマネ…

竹内さんも、こうした独善的《どくぜんてき》なケアマネのもとで仕事をして、嫌な思いをしたことがたくさんあるといいます。

「最近はこんなことがありました。利用者は79歳の男性で歩行が困難です。近所に住む長女の方が介護されているんですが、仕事の関係でいつ来られるかわからない。それで週に2回、ウチのヘルパーが買い物の生活援助をすることになったんです。

生活援助の買い物は、利用者さんから購入したいものをお聞きして行くのですが、買いすぎて家計を圧迫してはいけないので、通常、1回の買い物の上限額を決めておきます。そのときに必要な日用品や食料品ですから、だいたい1500円といったところです。

ただ、この方のサービス担当者会議はケアマネの独演会で進行したのですが、上限額についての言及《げんきゅう》はありませんでした。大きなお宅に住んでおられましたし、上限額を決めないのは経済的に余裕があるからかな、と思ったんです。

それでもしばらくは高価な買い物もなかったんですが、利用者さんが『鰻《うなぎ》が食べたくなったから買ってきてください。それも国産の鰻』とおっしゃったんです。国産の鰻なら、それだけで2000円近くするじゃないですか。でも、行ったヘルパーは上限額が決められていなかったものですから、いわれたとおり買ってきて、その日の総額は3000円を超えたんです。

その数日後、ケアマネから電話がかかってきました。『領収書を見たんだけど、3000円を超える買い物って何なの？』と。私は『サービス担当者会議で上限額が決められていなかったので』と答えました。

ケアマネは受話器を置いて会議の議事録を確認しにいったようですが、当然、上限額は書かれていない。上限額を決めたつもりで決めていなかったのなら、ケアマネの責任ですから、『私のミスでした』という言葉が返ってくると思ったんですが、それどころか逆ギレして、『長年、訪問介護事業所をやっているんだから、会議で上限額を確認するのは常識でしょ。なんで勝手に判断するのよ。そんなことやっているようでは、あなたのところには頼めないわね』といわれました。

たしかに冷静に考えれば、確認しなかった私も悪い。でも、ケアマネのあの会議の進め方や発言の機会を与えない態度では、確認する気も起きないですよ」

このように、サービス事業者のやる気を失わせるケアマネがいるのです。つまり、頼れるケアマネか問題あるケアマネかをうかがい知ることができるのがサービス担当者会議。

介護をつづけていくうえでの対応の仕方の参考になるので、会議のときのケアマネの言動はしっかり観察しておいたほうが良さそうです。

3章

頼れるケアマネなら質のいい介護になる

●ケアマネの良し悪しの見極め方

担当となるケアマネは、どんなプロセスで決まるか

本書の「はじめに」で、頼れるケアマネが担当になるか、それともダメなケアマネがつくことになるかは運しだいと書きました。

では、担当ケアマネはどのようなプロセスを経《へ》て決まるのでしょうか。

衰《おとろ》えは見え始めているものの、とくに不自由もなく日常生活を送っていた人が、突然倒れこみ、起き上がれなくなることがあります。これがもし、脳梗塞《のうこうそく》や心筋《しんきん》梗塞といった病気の発症であれば１１９番をして救急搬送です。

しかし、本人の意識はしっかりしているし、痛いところがあるわけでもない。つまり病気の兆候《ちょうこう》は感じられないということがあります。それでも１１９番通報を選ぶ人もいるでしょうが、身近で見ている家族は「これは病変ではなく、突然、要介護状態になったんだな」となんとなくわかるものです。私の父親のケースがそうでした。

とはいえ、本人も家族もうろたえます。「トイレはどうする？　介護用ベッドも必要だ」などといろいろなことが頭に浮かび、介護保険適用のサービスを受けなければ生活が立ちゆかない

ことを悟ります。そして大あわてで役所に電話します。

その電話を受けた役所の職員は、ケアマネを派遣する窓口である地域包括《ほうかつ》支援センター（包括）に連絡。電話を受けた包括の職員が状況を把握《はあく》するために件《くだん》の家に急行します。この場合、すぐにでも介護サービスを手配しなければなりませんから、訪《たず》ねた職員がケアマネだったら、そのまま担当になることも多くあります。

また、その職員が包括に戻り、所属するケアマネのなかから手の空《あ》いている人を担当にすることもあります。**選択の余地《よち》はないわけですから、完全に運**なのです。

いっぽう、それほど急を要さないケースもあります。

徐々に衰えは出始めているが、家族のケアやサポートで日常生活は送れている。しかし、家族では手に余ることが多くなって、「お母さん、私たちもいろいろ大変なのよ。そろそろ要介護認定を受けて、介護サービスを受けましょうよ」と説得するケースです。

介護サービスを受けることを嫌がる人は少なくありません。それは他人を自宅に入れることを意味しており、そのことに強い抵抗感をもつ人が多いのです。また、衰えの進行しだいでは、その他人に排泄《はいせつ》の介助をしてもらうことにもなります。

この排泄の介助を嫌がる人が多くいます。病院で看護師に排泄の処置をしてもらうことは、病気だから仕方がないと自分を納得させることができるのに、介護状態になって排泄の介助を受けることは許せないわけです。

介護サービスを受けること自体を「恥」と思う人も多くいます。利用者本人に限らず、家族にもそういう人がいるそうです。私の父親のケアをした訪問看護師さんによると、「介護サービスを受けていることを近所に知られたくないから、クルマは家の前に停めないでください」といわれることも多いのだとか。介護サービスやそのスタッフに対する世間の認識は、このレベルなのです。

ともあれ、こうしたケースでは要介護になりかけている本人に家族が説得を重《かさ》ね、なんとか納得させて介護サービスを受けることになる。そのぶん、時間的な余裕があるわけです。

説得しているあいだ、家族は役所や包括の担当職員と、これから始まるであろう介護について相談を重ねることができます。それによって職員側も利用者の情報をあるていど知り得ます。選択の余地が生まれるわけです。

なお、包括が担当するのは管轄《かんかつ》の地域内の在住者に限られますが、居宅《きょたく》介護支援事業所（事業所）や「1人ケアマネ」にテリトリーの限定はなく、徒歩や自転車、クルマで行ける利用者宅なら担当することができます。彼らはその範囲内にある包括に営業活動をしており、包括側も多くのケアマネの選択肢をもつことになります。

ですから、包括の職員が家族から相談を受け、たとえば「ウチの父、引退するまで中小企業のワンマン社長で、女性社員のことを怒鳴《どな》りつけてひんしゅくを買っていたんです」といった話を聞けば、「女性ケアマネには大変そうだから、男性ケアマネを担当にしよう」といった決め方をすることもあるそうです。

また、**包括によっては利用者や家族から希望を聞いて、それに沿《そ》ったケアマネを担当にする**こともあります。「ベテランがいい」とか「事業所が近くにあってひんぱんに来てくれる人に担当してほしい」などです。とはいえ、ベテランだから良い仕事をするとは限りませんし、事業所が近くてもマメに足を運ばない人もいます。

くわえてケアマネが良い仕事をするには、利用者とその家族と信頼関係を築《きず》けるかどうかも重要な要素となります。包括が「この利用者には、このケアマネが良さそうだ」と思っても、婚活パーティーのマッチングのような機会があるわけではなく、相性が合うとは限りません。

介護が始まるまで時間があったとしても、良いケアマネが担当につくかどうかは、運を天に任せるしかないのです。

ケアマネと介護者の温度差がサポートの質を下げる

介護生活が始まると、その担《にな》い手である家族には、さまざまな物理的、精神的負担が押し寄せてきます。突然始まった場合はあわてることばかりで、とても平静を保《たも》つことができませんし、あるていど準備期間があった場合でも、じっさいに介護が始まってみると思わぬ事態に直面し、不安に襲われるものです。

ケアマネは「居宅介護支援専門員」という資格の名称が示すとおり、介護の知識や経験によって身につけた知恵やスキルを総動員して、要介護者（サービス利用者）とその家族を支援する専門家。利用者本人と家族の負担や不安を軽減《けいげん》するのが役割です。

介護保険制度の目的は自立支援です。加齢《かれい》によって心身が衰え、要介護になった人の尊厳《そんげん》を守り、残った能力に応じて自立した日常生活が送れることをめざしています。つまり、少しでも心身の状態を良くするのが目的なのです。

ケアマネもその目的に従い、必要な介護サービスを組んだケアプランをつくり、サービス事業者を招集。さまざまな専門スキルをもつ人たちでチームをつくり、利用者が自立した生活ができるようサポートするわけです。

ケアプランに理学療法士や作業療法士によるリハビリを組みこむことが多いのも、そのためです。また、高齢者施設のなかに数えられる老人保健施設（老健）は、在宅でのリハビリが難しくなった人に、設備やスタッフがそろったところでリハビリを受けてもらう施設。元気になって在宅復帰をめざすところです。

このように、**ケアマネは要介護になった人の状態をどうしたら良くできるかを考え、ケアに当たることが大前提**になっているのです。

そしてじっさい、要介護度3だった人が2へ、2だった人が1へと軽くなることがあるそうです。要介護度が改善されることは、その人へのケアの負担が軽減されることでもあります。

ところが世間の大方《おおかた》の「介護」に対する認識は、状態を良くするという前向きなものではありません。その人が亡くなるまでの「経過期間」という受けとめ方をしている人が大半でしょう。たしかに状態が好転《こうてん》するケースは少ないですし、多くは現状維持か悪化の方向へ進む。そう受けとめざるをえないのが現実です。

しかし、この温度差があることが、ケアマネと介護をする人（介護者）の相互理解を阻《はば》み、より良い介護につながらないケースが多くなる原因となっているように思われるのです。

頼れるケアマネは、ケアプランにリハビリを組みこむ提案をするさいに、「利用者の状態を改善するのが目的」だと説明するはずです。それを聞いた介護者が、要介護になった老親に愛情をもち、産み育ててくれたことを感謝し、**長生きしてほしいと思っている人なら、少々つらいことはあっても前向きにケアに取り組む**はずです。良い介護ができるわけです。

ところが、ダメなケアマネの場合、「介護サービスは利用者の状態を良くする目的で行なうもの」ということをていねいに説明する人が少ないそうなのです。介護者が親に愛情があるとは限らず、介護を「大変なことを背負《せお》いこんでしまった」とネガティブにとらえている人が多いことから、説明しても仕方がないと思っているのかもしれません。

介護者は「やらなければならないこと」が山積み

ともあれ現実は、介護が終わるのは、施設入所となるか、利用者が死を迎えたとき。それまでのあいだ、利用者本人が少しでもつらさを感じることなく、できれば気分よく過ごしてもらいたい。そのケアの担い手である家族が抱《かか》える負担や不安を軽くするのがケアマネといえます。

つまり、ケアマネの良し悪しは、この部分に表れることが多いのです。そこで、介護を行なう家族はどんな負担や不安を感じるのか、例を挙げていきます。

まず、**「未知」のことに対する不安**があります。介護はほとんどの人にとって初めて経験することです。ケアマネが介護サービスの専門家によるチームをつくってサポートしてくれるといっても、それは一部分の限られた時間だけ。介護の主体となるのは、家族のなかからおもな担い手、つまり「介護者」として選ばれた人なのです。

介護者はその立場になったとたん、何か重いものを背負った気分になります。自分にできるだろうか、という不安もあります。しかし、介護が始まれば、やらなければならないことが次つぎと現れて、重い気分のまま、それに追われる日々がつづくことになります。

ケアマネがつくったケアプランを了承《りょうしょう》し、それに従って来訪《らいほう》したサービス事業者と契約を交《か》わすのは介護者。その過程では、介護保険の基本的な知識や自己負担の金額などを頭に入れておく必要があります。

また、**自分自身がケアもしなければなりません**。介護するのはもっとも身近な肉親、父親や母親ですが、元気なときはその体に触《ふ》れることなどそうないはずです。ところが、介護が始まれば「触れる」というレベルをはるかに超えるケアが待っている。思うように動けなくなった体を全身で支えたりするわけです。

さらに、相手は生身《なまみ》の人間であり、おなかが空《す》けば、ものを食べるし排泄もする。自力でトイレに行けるあいだはいいが、それができなくなったら介護者が排泄の処置をすることになります。これはかなり高いハードルですが、介護をする以上、乗り越えなければならないことなのです。

私もこのハードルを経験しました。父親が突然寝たきりになったとき、「ついにこのとき（排泄の処置）が来てしまったか」と重い気持ちになりました。そして、初めてその処置をしなければならなくなったときは、一大覚悟を決める必要がありました。

緊急連絡でケアマネが来た当日のこと。まだ、訪問介護のヘルパーさんも来ていませんでしたから処置の方法も聞けず、すべて自己流でやるしかないわけです。それまで見たこともない父の露《あら》わになった下半身を目《ま》のあたりにすることに抵抗がありましたし、排泄物を処理したうえ、汚れたおしりを拭《ふ》きとらなければならない。

でも、父のほうも恥ずかしさや屈辱感で極度《きょくど》のつらさを味わっているに違いない。そんな気持ちを考えると、嫌そうな顔は絶対できません。あえて「なんてことはない」という表情をつくり、淡々《たんたん》と処置することに努《つと》めました。

そのときはいろいろなことを考えました。父が病院で手術を受けたあと、看護師さんに排泄の処置をしてもらっている状況に遭遇《そうぐう》した経験があったため、そのときの態度を真似《まね》ようか…などと。とにかく父を傷つけないようにと必死で、終わったあとはドッと疲れが出ました。

ただ不思議なもので、3回ぐらい処置を経験したあとは「もっと手際《てぎわ》よく処置するにはどうしたらいいだろう」と別のほうに意識がいき、それにつれて抵抗感は薄《うす》れていきました。

もっとも、親しいケアマネに聞くと、この反応は標準的ではないとのこと。「排泄の処置なんか絶対に無理」といってヘルパーにすべてを任せる人も少なくないし、いつまでたっても慣れないと嘆《なげ》きながらしている人もいるそうです。

介護が始まった当初は、このほかにもやらなければならないことが次つぎと発生し、介護者はそれに追われることになります。たとえば、**これまでの生活ではまったく縁がなかった物を買いに走る**こと。紙パンツやオムツ、おしりふき、消毒用ティッシュ、食欲がないときに必要な栄養素が摂《と》れるドリンク、誤嚥《ごえん》を防ぐ「とろみ剤」などです。

また、**介護される人が寝たきりの場合は、介護者を呼ぶ機器も必要**になります。わが家では最初、携帯電話を利用していましたが、認知症が出てからは操作ができなくなり、ワイヤレスのチャイムを購入し、使うようになりました。このようにそのつど、必要なものが出てくるのです。

「終わりのない不安」が介護者を追いつめていく

介護が始まると、家族の人間関係にも波風《なみかぜ》が立ち始めます。まず、**誰がおもな介護の担い手（介護者）になるかの押しつけ合いが起こります**。

まず兄弟・姉妹。全員が親子関係、兄弟関係ともに良好で、均等に介護する状態が理想ですが、そんなケースはまずありません。兄弟・姉妹のうちの誰かが、いちばん負担を強《し》いられることになります。

要介護になった親の家に同居している人か、もっとも近くに住んでいる人、男女がいる兄弟なら女性、あるいは兄弟のなかで発言力が弱い人がおもな介護者になることが多く、介護は身体的、精神的負担が強いられる大変なことばかりですから、おもな介護者になった人は当然不満をもちます。兄弟・姉妹は遺産相続の問題もからんできますから、その思惑《おもわく》も含めて不和が起こりやすいのです。

また、介護では夫婦関係にも影響を及ぼします。夫が要介護になった人の実子《じっし》であっても、お嫁さんに介護を任せてしまう人が多いそうです。介護をきっかけに夫婦間が険悪《けんあく》になることも少なくありません。

経済的な負担ものしかかります。介護保険適用のサービスは原則1割の利用者負担ですし、現在介護を受けている世代は比較的、年金収入が潤沢《じゅんたく》なので、介護費用は年金で賄《まかな》えるケースが多いそうですが、それでも何かと出費はある。年金で足りなければ、介護者がそのぶんを補てんしなければならないのです。

それに加わるのが、先が見えない不安です。介護の日々をつづけていれば、介護者は肉体的にも精神的にも疲弊《ひへい》していくうえ、経済的な悩みもさらに増えていきます。

在宅での介護が限界を迎えたときは、施設入所が選択肢に入ってきますが、それにも大きな費用がかかりますし、比較的負担が少なくて済む特別養護老人ホーム（特養）は、地域によっては入所希望者が順番待ちをしている状態。介護者からすれば八方《はっぽう》ふさがりの状況で、いつ終わるかわからない介護をつづけるしかないわけです。

仕事をもっている介護者は、仕事と介護の両立にも悩まされます。仕事だけでも疲れるのに、それに介護が加わって疲れは増すばかり。介護をしていれば残業もできなくなるし、会社に迷惑をかけているという意識にもなります。

こうした日々がつづけば、精神的に追いつめられ、「自分が介護に専念すれば、この重荷から解放されるし、親も喜ぶのではないか」という思いが頭をよぎります。介護離職《りしょく》を考え始めるわけです。

しかし、**介護離職をして良いことは、まずありません**。たとえば親ひとり子ひとりの場合。介護者がケアに集中すれば、親を穏《おだ》やかに看取《みと》ることができるかもしれない。しかし、そのあとに困難が待っています。年齢を重ねていながら職もなく、貯《たくわ》えも少なくなっている状況に気づいてがく然とする。自分自身の生活が窮《きゅうち》地に追いこまれるのです。

介護をしている親に認知症の症状が出始めると、心労もさらに重くなります。認知症はメディアで紹介される機会も多く、どんな症状が出るのか知識のある方も多いでしょうが、じっさいに自分の親にその症状が出ると、衝撃を受けるものです。

子どもは幼いころから親と会話を重《かさ》ね、情を通じて長年過ごしてきている。しかし、認知症になればその会話はかみ合わなくなり、場合によっては実の子である自分のことさえわからなくなることもあります。

親が〝壊れていく〟姿を見るのは切ないですし、わけのわからないいらだちも覚えます。それが暴言を投げかけることにつながり、暴力に発展することもあるのです。

認知症になると、性格が変わることもあります。ある介護者の集《つど》いを取材したとき、ひとりの参加者からこんな話を聞きました。

「私の母は若いころ、キツい性格で、すぐに怒鳴《どな》るし、ひどい仕打ちはするしで大嫌いだったんです。要介護になって私が介護をすることになったとき、〝早く死ねばいいのに〟と思ったほどです。でも、認知症になったら、それまでの性格が嘘《うそ》だったように穏やかでやさしくなった。介護自体は大変ですが、母といい関係が築けた点では良かったと思っています」

このように良いほうに変わることもあります。しかし、こんなケースはまれ。逆に穏やかでやさしかった親が攻撃的になったり、奇声を発したりすることもある。このあたりが認知症の怖いところです。

認知症だが身体のほうは元気、という人は徘徊《はいかい》の心配があります。外出したまま行方不明になり、警察に発見される。他人の家を自宅と思いこんで入りこみ、通報される。そんなことがくり返されることで悩んでいる介護者は少なくありません。

徘徊防止グッズもさまざまなものが売り出されています。家を出るとセンサーが反応し、チャイムで知らせてくれる機器、行方不明になっても居場所が特定できる小型のGPSなどです。GPSを内蔵した靴もあるほどです。こうした製品が次つぎと開発されるのは、徘徊に悩んでいる介護者が多いことを示しています。

このように、介護にはさまざまな負担、心配、苦悩がつきまといます。そんな日々に**心が折れそうになる介護者を支えるのがケアマネの役割**です。

もちろん、このなかには介護者自身が乗り越えなければならないこともあります。介護サービスの人たちがケアをしてくれるのは限られた時間であり、それ以外は介護者がケアをすることになります。

食事をつくり、食べさせる、トイレに連れて行く、それができなければ排泄の処置をする、車椅子に乗せて病院に連れていく、会話をして気持ちを支える……などです。1日の大半のケアは家族である介護者の領域であり、ケアマネはそこまでの面倒は見切れないのです。

しかし、介護の専門家として培《つちか》ってきた知識やスキルで、その負担を軽減することはできるわけです。

ケアマネは「質の良い介護サービス」の案内役

ここで、利用者と介護者にとって、ケアマネとはどういう存在なのかを確認しておきましょう。ケアマネはまず介護生活の入り口で登場します。介護の案内役を務めるのです。

このことは、ケアマネの報酬が介護保険料から全額支払われることと関係しています。訪問介護（ホームヘルパー）やデイサービスなどの介護サービスは利用者負担（原則1割）があるのに対し、ケアマネは利用者負担がゼロなのです（福祉財政の逼迫《ひっぱく》から、厚生労働省ではケアマネの報酬も利用者負担にする案が出ていますが、見送られています）。

これには理由があります。**要介護になった人の誰もが、平等に介護保険適用のサービスを受けられるように案内するのがケアマネの役割**だからです。これはほかのサービス業に例えるとわかりやすいでしょう。

たとえば百貨店。入り口には案内役の店員さんがいて、お客が行きたい売り場を案内してくれます。また、レジャー施設の入り口にはカウンターがあり、施設を利用するための料金やシステムを説明してくれます。この案内や説明には、当然のことながら料金は発生しません。商品を買ってくれるかどうか、施設を利用してくれるかどうかにかかわらず、迎える側にとっては大事なお客さま。来てくれた人は誰にでもウェルカムの姿勢で応対するわけです。

介護も同じです。介護保険料は40歳から健康保険加入者全員が払っています。誰でも要介護になったら介護保険適用のサービスを受ける権利をもっているわけです（65歳未満の場合は、がん、脳梗塞などの16種の特定疾病《しっぺい》があることが条件）。

そして、その介護サービス利用の入り口で案内役を務めるのがケアマネなのです。民間のサービス業のように「お客さま」とはいいませんが、利用を希望する人が来たら誰でも平等に、親切にわかりやすく利用法を案内する役割を果たさなければなりません。それには利用者負担はそぐわないということで、報酬は全額、介護保険料から支払われているのです。

入り口での案内を終えると、ケアマネは本来の仕事に取りかかります。利用者（要介護者）の心身の状態を観察し、家族（介護者）の事情なども聞いたうえで、必要な介護サービスを検討。ケアプランをつくり、それに沿《そ》ったサービス事業者のチームを編成。介護の支援にあたるわけです。

本書の「はじめに」でも書いたように、その役割を理解するには、スポーツチームの監督に例えるとイメージがしっくりくると思います。

スポーツチームの監督はチームを勝利に導《みちび》く手腕《しゅわん》が見込まれて、その任に就《つ》きます。勝利するためのプラン、戦略や戦術を練り、それに必要な選手を集める。試合では戦況に応じて選手を起用し、その采配《さいはい》が当たれば勝利する。さらに勝利を重ねるチームにするには、選手のやる気を引き出す指導力やマネジメント能力も必要。そして、目標とする勝利に導くことができれば名監督として称《たた》えられる。いっぽう、構想したプランが外れ、試合でも迷采配をくり返して負けてばかりの人は、ヘボ監督と呼ばれるわけです。

ケアマネの場合、与えられた目標は、担当する利用者とその家族に対する介護の支援です。利用者に適したサービスを提供し、できれば自立した生活に戻れるよう状態を回復させる。また、介護者が抱えるさまざまな負担や不安を軽減し、介護生活を支えることです。

その目標を達成するためのケアプランをつくり、力になってくれる技術をもち、信頼のおける介護サービスのスタッフを集めてチームをつくる。そして、利用者の体調や介護者の事情などに変化があれば、ケアプランを見直したり、スタッフを交替させたりして対応する。その**采配によって利用者と介護者の満足を導くことができるのが良いケアマネ**、つまり名監督です。

ところが、ケアプランは利用者や介護者に合っておらず、介護サービススタッフの人選や起用もいまひとつ。利用者の状態を良くすることや介護者の負担を軽くすることができないダメなケアマネ、スポーツでいうヘボ監督もいるのです。

ケアマネがみな優秀とは限らない

私の父を担当した吉岡さんは、文句のつけようがないケアマネでした。

急激に衰え、認知症も進行した父自身がどう感じていたか知るよしもありませんが、介護をする私にとっては、ケアマネも介護サービスのスタッフもすべてが頼もしい存在。訪問看護師さんも、介護用具レンタルの担当者も、訪問入浴のスタッフも、ホームヘルパーさんも、その仕事ぶりにはプロの力量《りきりょう》を感じましたし、父のために精いっぱいのことをしてくれました。

そんなチームをつくってくれた吉岡さんには感謝しかありませんでした。運よく名監督に当たったのです。私の介護体験はこの一度。つまり良いケアマネしか知らないわけで、これが標準だと思いました。ケアマネという専門職はみな、このレベルの仕事をしてくれる人たちだと受けとめたわけです。

ところが、介護の現場を取材するようになり、多くのケアマネに会って話を聞いているうちに、そうとは限らないということがわかってきました。スポーツチームに名監督とヘボ監督がいるように、在宅介護にも頼れるケアマネと問題のあるケアマネがいるというのです。

スポーツなら、試合を見れば采配の巧拙《こうせつ》はわかります。監督としての能力や手腕は結果に表れるわけです。しかし、**ケアマネの仕事ぶりは比較する術《すべ》がありません**。そこで、親しくなったケアマネや介護サービスのスタッフに、良いケアマネとダメなケアマネの違いについて聞いてみました。

なお、このケアマネと介護スタッフたちと知り合うきっかけをつくってくれたのは、「はじめに」でも登場した、わが家の介護でお世話になった介護用具レンタル会社の男性社員、井口さんです。私は井口さんの仕事に満足しましたし、信頼感ももちました。また、介護チームのなかでも「用品のレンタル」という一歩引いた立場で、客観的にケアマネの良し悪しをジャッジできる目をもっています。

「取材で話を聞くなら」と、彼がその人柄や仕事ぶりを評価しているケアマネを紹介してくれました。そのケアマネも、仕事ぶりも互いに認め合っているという人をあらたに紹介してくれて、私のケアマネ、介護スタッフ人脈が築かれていきました。

彼らとの取材を通した交流は5年以上になります。介護現場で起きていることや介護業界の問題点などを誠実に、かつ客観的な視点を交《まじ》えて語ってくれ、私自身、優秀なケアマネだなといつも感心するのですが、それを裏づけるエピソードもあります。

長いつき合いですから、彼らとは取材のあと、食事に行くこともあります。その店内でケアマネのひとりが「○○さん」と声をかけられたことがありました。そして「お元気そうで」などと笑顔で会話を交《か》わしている。相手は誰かと聞くと「昔、担当した利用者さんのご家族です」。

昔といえば、すでに介護は終わっているわけです。その人が介護をしていた親御《おやご》さんは現在、施設に入られているとのこと。そんな終わった介護であっても担当したケアマネの名前を憶《おぼ》えていて声をかけてくるというのは、彼を信頼し、仕事ぶりにも満足していた証拠です。

同席していたほかのケアマネに「そんな経験はありますか?」と聞くと、「たまにですけど、あります」と答えました。いいケアマネたちに出会えたと思ったものです。

そんなケアマネですから、謙虚に自省《じせい》をくり返しながら仕事に向き合っています。だから、マスコミ的に「良いケアマネとダメなケアマネの違いを教えてください」と聞いても、ストレートな答えは返ってきません。

ただ、ケアマネとして、して当たり前、できて当たり前のことをしている彼らですから、「ほかのケアマネの仕事ぶりを見ていて、疑問に思うことがありますか?」と聞くと、つぎからつぎへと出てきました。つまり、ダメなケアマネにありがちな欠点です。

ダメなケアマネに不足しているスキルとは

ケアマネたちから聞いた「ダメなケアマネ」の問題点をスキルや適正によって分類すると、103ページのような表になりました。

ケアマネは質の異なる2種類の仕事をしているといえます。ひとつは人と会話をし、情報を収集《しゅうしゅう》したり伝えたりする仕事、もうひとつは書類作成などといった事務処理的な仕事です。

メインとなるのは、やはり人と会話をすることです。利用者やその家族（介護者）と会って話を聞き、ケアマネからも質問・提案などをする。また、自分のケアプランに従って仕事をしている介護サービス事業者に連絡をとり、情報交換するといったコミュニケーション能力が問われる仕事です。

これとは別に、介護サービス事業者に適正な報酬が支払われるための書類を作成（給付管理）したり、訪問した利用者の記録をつけたりする事務処理があります。パソコンに向かって行なうデスクワークです。

ケアマネの標準的な1日の流れは、朝から午後にかけては所属する事業所での会議や打ち合わせ、利用者宅への訪問、夕方に事業所に戻ってサービス事業者に連絡をとるなどし、それが済むと事務処理のデスクワーク、というようになります。

つまり、コミュニケーションが必要な仕事と、個で処理する仕事がワンセットで日々行なわれているわけです。コミュニケーションは情報の収集と交換であり、ケアに反映するために欠かせないことはいうまでもありませんが、事務処理も重要な仕事。ところが、この仕事ぶりに

④介護サービスのチームづくり

- よい介護サービス事業者を揃えられない
- 介護サービス事業者の仕事ぶりを評価する目をもたない
- 介護サービス事業者を疑いの目で見ている
- 所属する法人の都合で動く→その法人が運営する事業者を優先する

⑤問題解決能力

- モニタリングで手を抜く
- 利用者がケアに不満をもっていることを察してもスルーしてしまう
- 困難事例から逃げる

⑥知識、情報収集能力

- 知識の更新をしようとしない
- 介護のスキルは進化しているのに、新しいスキルを学ぼうとしない
- 利用者のためになる情報を収集する意欲に欠ける
- 新たな人脈の構築に積極的でない

◀ダメなケアマネとは▶

①事務処理能力

- 書類作成、事務処理がすばやくできない

②コミュニケーション能力

- 利用者の話に耳を傾けない
- 利用者がわかるように説明しない
- 質問に対して明確な答えを出さない

③性格・人間性

- 自分が正しいと思いこんでいる
- 利用者や家族を素人だと決めつけている
- 上から目線で語る
- 自分がいいと思っているケアを押しつける
- 過去の成功体験を信じこんでいる
- フレキシブルな対応ができない
- 選択肢が少ない
- 利用者に気に入られることが第一だと思っている
- 話を終えることができない
- 感情的になる
- 上からの指示どおりに収めようとする

◀ケアマネの1日（一例）▶

9:00　出社

9:00　申し送り簿の確認
夜間から早朝までにあった問い合わせへの対応。書類の準備など。事業者によっては朝礼を行なう所もあります

10:30　モニタリング
2～3件のお宅に訪問し、利用者の状態やサービス内容の確認を行ないます

12:30　休憩

14:00　サービス担当者会議
利用者、介護サービス事業者の担当者などを交え、現在のサービスについて意見を聞くほか、利用者の要望にあわせてサービス内容の変更を話し合います

15:30　ケアプランの作成
電話対応をしつつ、ケア記録や新規の利用者のケアプランを作成。深夜まで及ぶこともあります

18:30　終業
急な業務がなければそのまま帰宅しますが、訪問のアポイントメントによっては残業したり、利用者の急変などで駆けつけたりすることもあります

問題があるケアマネが少なくないそうです。

そこで表内において①としてあげられたのが**事務処理能力**です。以下は、それを指摘したケアマネのコメントです。

「処理しなければならない書類は相当ありますし、正確に作成するにはスキルが必要ですから、ケアマネの負担になっていることはたしかです。

しかも日中に行なっている利用者さんとの会話とは頭の使いどころが違う。切り替えが難しいんです。だから、この事務処理のデスクワークに苦戦するケアマネはけっこう多い。とくに生真面目《きまじめ》な人ほど、きっちり書類をつくろうとしますから、夜遅くまでパソコンに向かっていたりします。

そういう日々をつづけていれば、当然疲弊《ひへい》しますよね。疲れれば頭の回転も悪くなり、利用者さんやサービス事業者との会話にも影響が出てしまう。つまり、より良いケアにつながらなくなるわけです」

良いケアマネは、仕事で神経を注《そそ》ぐ部分と、それほど注がなくてもいい部分がわかっているといいます。注がなければならないのはケアに直結するコミュニケーションの部分であり、それほど注がなくてもいいのは事務処理。手を抜くわけではなく、合理的にさっさと済ませるのだそうです。利用者にはうかがい知れない部分ですが、ケアマネの事情を知るうえでも、頭に入れておいて良さそうです。

②以下は利用者・介護者にとってももっとも気になるポイント。ケアマネとの会話と、じっさいのケアに反映するうえでの能力の問題点です。まず、②の**コミュニケーション能力**。

2章で説明したように、ケアマネは長い実務経験を経《へ》て、難関の国家試験という高いハードルを越えなければなれない専門職です。6割を占《し》める介護福祉士出身者は、高齢者施設で長年働いた経歴をもっていますから、コミュニケーション能力は鍛《きた》えられているはずです。

また、ケアマネは、なってからも数多くの研修を受けなければなりません。そこでは傾聴《けいちょう》をはじめとするコミュニケーションの手法をくり返し学んでいるといいます。しかしそれでも、利用者・介護者とのコミュニケーション不足からトラブルが起きるケースがあるそうです。

「世間一般の人よりはコミュニケーションのスキルは高いと思います。ただ、30人前後の利用者さんを担当しているというのがネックになるんです。満遍《まんべん》なく対応しようとするとキャパシティを超えてしまうわけです。

それでも、有能なケアマネはうまく乗り切っている。30人の利用者さんを担当しているとしても、つねに目配りをしておく必要があって、密にコミュニケーションをとらなければならないケースは10件あるかどうか。利用者さんの心身の状態が安定していて、介護する方もしっかりケアしている場合は、コミュニケーションにそう多くの時間を割《さ》かなくてもいいわけです。

また、利用者・介護者サイドにもコミュニケーションが上手な方がいます。現状のケアの課題やケアマネへの要望などを整理して伝え、こちらの説明や提案も理解してくれる。そんな利用者さんなら、コミュニケーションも簡潔《かんけつ》にできるわけです」

といって、そうした物わかりのいい利用者を軽視《けいし》しているというわけではありません。利用者の状態が急変したり、介護者が悩みを抱えているようであれば、たっぷりと時間をとって話を聞き、対応する。**担当する利用者の状況に応じてコミュニケーションのとり方を変える**というメリハリを効かせることで、ケアの質を担保《たんぽ》しているのです。

「任せてください」というケアマネに任せていい？

利用者とのコミュニケーションが上手《うま》くいくかどうかは③の**ケアマネの性格・人間性**によっても左右されます。

「**性格的に自分本位の人がいますよね。プライドが高くて独善的《どくぜんてき》。そういう人がケアマネにもいるんです**」

そんなタイプは利用者に対して、どのようなコミュニケーションをとるのでしょうか。

「**利用者さんを『介護のことは何も知らない素人《しろうと》』として見て、上から目線で話をし、ケアプランを進めますね。私のやり方に従っていれば大丈夫、というわけです**」

たしかに介護が始まるときは、利用者本人もその介護者も介護事情に疎《うと》い素人です。親が元気なときは、そんなことは考えもしないのですから、知らなくて当たり前。介護の入り口で案内役を務めるケアマネは、相手が素人であることを承知したうえで介護保険のシステムはもとより、どんなサービスがどの程度の負担で受けられるかや、今後の介護生活のことなどをわかりやすく説明しなければなりません。

しかし、案内はほどほどに済ませ、「私に任せておけば大丈夫」といった感じで、ケアプランの作成に始まる一連の業務をどんどん進めていってしまうケアマネがいるというのです。

介護が始まるときの利用者・介護者は不安でいっぱいです。そんなとき、自信たっぷりに「私に任せて」といってくれるケアマネは頼もしい存在に見えます。そして、その**ケアプランや始まったサービスが利用者・介護者に合致《がっち》し、満足のいくものであれば、それこそ良いケアマネ**です。

しかし、残念なことに、そうならないこともあるのです。利用者・介護者を素人と見なし、ろくに話も聞かずに進めてしまうということは、相手のニーズや事情をしっかりとくみ取っていないわけで、ケアプランが的外《まとはず》れなものになっていることが多いのです。

「このタイプには、過去の成功体験を信じこんでいる人が多いですね。キャリアを積んでいくうちに、つくったケアプランと提供したサービスがズバリとはまり、利用者さんの状態が改善、家族も大満足で感謝されるという体験をすることがある。で、そのときのケアプランを最良と信じこみ、どの利用者さんにもそれを基準にプランを組むわけです。

でも、利用者さんの心身の状態も家族の事情もさまざまであり、そのプランが合うとは限らないんです。そういうスタイルで仕事をしているケアマネも、良かれと思ってやっているんだ

と思う。良いケアをしたいという思いがあって、成功事例に当てはめるわけですから。でも、利用者・介護者の話をよく聞いてフレキシブルに対応するのが大原則。自分が良いと思っているパターンにはめるやり方は、問題があるといわざるをえません」

もっと残念なのは、こういうタイプのケアマネに当たっても、利用者・介護者サイドが、その良し悪しを判断できないことです。介護をスタートするときの自信ありげな言動《げんどう》に接していれば、任せるしかないと思いますし、受けているサービスが合っているのか、効果が出ているのかもわからない。「こんなものか」と、そのケアをつづけることになるわけです。

また、受けているサービスに疑問を感じたとしても、利用者・介護者サイドは、それをケアマネにいっていいものか、どこまで要求していいのかが、わからないものです。

もちろん良いケアマネはコミュニケーション能力に長《た》けていますし、声を受け入れる姿勢ももっていますから、利用者や介護者の要望を会話のなかから察し、ケアに反映します。ところが、なかには聞く耳をもたないケアマネもいるそうです。

「ある介護者から聞いたのですが、ケアマネに『いま受けているサービスは必要性を感じない』といったところ、突然怒り出し、テーブルをバンバン叩《たた》きながら『必要なんです！』と断言《だんげん》したそうです。『素人が私の仕事に口出しするんじゃないわよ』という感じで怖かったといっていました」

介護者はこの一件をケアマネが所属する事業所に伝え、担当を替えてもらったそうですが、こういうケアマネもいるのです。介護が始まるとき、利用者や介護者の不安を軽くするためにケアマネが「任せてください」というのはありでしょう。しかし、**話をしっかり聞かず、独善的に突っ走る姿勢を感じたら要注意**ということです。

介護態勢づくりで、ケアマネの手腕が問われる

ケアマネはチームをつくって担当する利用者の介護を支えます。

チームを構成するのは、訪問介護のホームヘルパー、訪問看護師、訪問入浴のスタッフ、訪問リハビリを行なう理学療法士、作業療法士、言語聴覚士、通所介護のデイサービス・スタッフ、福祉用具レンタル会社社員といった、その道のスペシャリストです。

ケアマネは各々《おのおの》、そうした人たちが所属する事業所にルートをもっています。また、そのスタッフのなかには直接交流がある人もいて、その人柄《ひとがら》やスキルも把握《はあく》している。担当する利用者のケアプランができたら、このなかから適していると思われる人材を選び、チームをつくっ

てケアに当たるわけです。

このチームづくりにケアマネの手腕が表れます。良いケアマネは、この人たちの仕事ぶりや利用者からの評価をしっかりチェックします。そして質の高いサービスを提供した人たちには、その後も仕事を継続して頼み、問題がある人には声をかけなくなります。良いケアマネのもとには利用者に満足される、人柄がよくて高いスキルをもつ人材が残るわけです。

また、こうしたケアマネの場合、「この人なら大丈夫」と思ったら信頼してケアを任せるので、チームを構成する人たちも意気に感じ、その道のプロとして良い仕事をする。ケアマネとサービス事業者は信頼関係で結ばれており、結果、利用者に質の高いサービスを提供できるというわけです。

良いケアマネは人材発掘にも積極的です。ケアマネのもとには仕事の依頼を受けようと多くのサービス事業者が営業活動にやってきますが、忙しくても時間をつくって面談。そのなかから信頼できそうな事業者が見つかれば仕事を任せてみる。そしてチェックし、期待に応《こた》えてくれれば、継続して頼むのです。こうして良いケアマネは、質の高いサービス事業者を多数キープすることになり、良いチームをつくることができるわけです。

いっぽう、**ダメなケアマネは、介護サービス事業者の仕事ぶりのチェックが甘く、利用者が**

サービスに満足していなくてもスルーすることが多い。質が担保されていないわけです。それでいて利用者とのあいだでトラブルが起きたりすると、上から目線で注意したり、事業者替えを行なったりする。また、ケアの方向性について打ち合わせをしても、ケアマネの意見が押しとおされるといいます。

こんな環境では、サービス事業者も仕事に対するモチベーションがあがらないし、信頼関係が生まれることもない。これでは介護をサポートする良いチームができるわけがありません。

ケアマネをスポーツチームの監督に例えましたが、チームづくりの点でも似ています。名監督は良い人材を集める眼力《がんりき》がありますし、見込んだ選手は信頼して起用しつづけ、結果に結びつけます。また、潜在能力を認めた若手にはチャンスを与え、実力を引き出す。監督がそんな手腕を発揮すれば、チームは活性化され、強くなるわけです。

いっぽう、ヘボ監督は能力を見抜く目がなく、若手を育てる手腕もないため、良い選手をそろえることができません。くわえて選手がミスをすれば、すぐに替えて腐《くさ》らせたりする。チームの雰囲気《ふんいき》は悪くなり、勝てなくなるという悪循環に陥《おちい》るわけです。

なお、ケアマネのチームづくりには介護業界の事情がからむケースもあります。ケアマネが所属する包括や事業所は民間の社会福祉法人が運営するケースが少なくありません。その社会福祉法人は訪問介護事業所やデイサービスなど複数の事業を運営しているケースがあります。つまり、グループで事業展開しているわけです。そして、その一員であるケアマネには、グループ内の事業所に仕事を頼もうという意識が生まれるのです。もちろん、その社会福祉法人が利用者第一の良心的な経営をしており、傘下《さんか》の事業所のサービスの質も高く、利用者が満足できるレベルなら何の問題もありません。しかし、営利追求の傾向が強く、サービスの質も高くないところもあるというのです。

といって、グループ運営をしている社会福祉法人所属のケアマネのすべてが、グループ内のサービス事業者を選択しているわけではありません。なかにはみずからがキープしているサービス事業者とグループの事業者を公正かつ客観的にジャッジし、良いほうを選ぶケアマネもいるそうです。法人の上層部からは問題視されますが、意に介さず利用者により良いサービスを提供することを優先する。そんな気骨《きこつ》のあるケアマネもいるのです。

頼れるケアマネは方々にアンテナを張っている

チームづくりの手腕は⑤の**問題解決能力**にも結びつきます。

ケアマネの重要な仕事のひとつにモニタリングがあります。ひと月に1回以上、利用者宅を訪問し、利用者の心身の状態の変化や、行なわれているサービスの成果などをチェックするのです。ケアマネ自身が利用者の状態を見ることはもちろん、利用者本人や介護者に話を聞き、課題が見つかれば把握し、解決する方法を考える。その情報を収集する仕事です。

提供しているサービスが利用者の改善につながっているか、つづける必要性があるのか、そして、チームを構成するサービス事業者が利用者が満足するレベルの仕事をしているか、といったことをチェックする。モニタリングはケアプランやサービス内容を検証し、問題があれば見直しをする、つまりチーム再編を考える機会といえます。スポーツチームの監督が戦況に応じて選手交代するのと似ているといえるでしょう。

モニタリングの内容は「モニタリングシート」に記録されます。書式はさまざまですが、なかにはサービスの評価欄に満足度を記入するものもあります。ケアプランやサービス事業者の通信簿ともいえるでしょう。

ただし、利用者や介護者が記入するわけではなく、ケアマネ自身が聞き取った評価を書く方式をとっています。通信簿の採点を自分でしているようなものです。少数ですが、このモニタリングシートを利用者・介護者の目の前に置いて記入するケアマネもいます。また、目の前では記入しなくても、聞き取った話をそのままシートに書きこむ人もいるそうなのです。

「このようなケアマネが大多数だと思います。しかし、なかには利用者さんから聞いた評価を自分に都合よく変えて記入するケアマネもいるんです。サービスに不満を感じているニュアンスの話を聞いても、『満足している』にチェックを入れちゃうとか……」

こんな姿勢では、利用者が抱える課題はスルーされてしまいます。問題解決に向かう意欲に欠けているとしかいえないケアマネもいるのです。ダメなケアマネの特徴は、利用者・介護者により良いサービスを提供する「意欲に欠ける」ということに集約されるかもしれません。

⑥の**知識、情報収集能力**にもそれが表れます。

介護のスキルは、方法論の増加やサポート機器の開発などによって日々進化しています。現場の状況も時代の流れに応じて変化している。ケアマネもそれに対応して知識を更新していかなければなりません。新たな情報を積極的に吸収して、ケアに反映させることが求められるわけです。ところが、その意欲に欠けるケアマネがいるというのです。

「**たとえば介護離職。いまは中高年の雇用が厳しくなっていますよね。離職した介護者は、介護が終わったあと、再就職しようと思っても職が見つからずいきづまってしまう。私が担当した利用者さんのご家族にも、そんな方が何人かいて、つらい状況にあることを知っています。**

だから、介護離職を考えている利用者さんがいたら全力で止めますよ。

たしかに介護と仕事の両立は難しい。簡単に結論を出せる問題ではありません。でも、なかにはかなり厳しい状況でも両立させている方もいる。

私はそういう事例を聞いたら、どのように負担を軽くしているのか情報を集めます。仕事はどうしているのか、介護ではどんな負担軽減策をとっているのか、デイサービス、ショートステイの利用状況も含めて参考にするんです。

そして利用者さんには『こうして乗り切っている人もいるんです。私も負担軽減のために知恵を絞《しぼ》り、できるだけのことをしますから離職は踏みとどまってください』と説得します。

でも、ベテランのケアマネには離職を止めない人がいるんです。なかには『子が職を辞《や》めて親の介護をするなんて立派ね』なんていう人もいる。介護が終われば自分は関係がなくなるから、そんなことがいえるのでしょう」

新たな知識や情報の収集に意欲的なのは、利用者・介護者に対する思いやりの表れだともいえます。親切だと評判を得ている、あるケアマネは、忙しい仕事の合間に介護に関係する異業種の人たち、とくに医療関係者、相続にくわしい法曹《ほうそう》関係者、葬儀関係者などとの人脈づくりとネットワーク化に励《はげ》んでいます。介護者から、関連する相談を受けることがあるからです。

ここまでくると、もはやケアマネの領域を超えていますが、利用者・介護者のことを考えたら、そうしたアドバイスや人の紹介をできるようにしておきたいという思いがあるのです。

ダメなケアマネにありがちな欠点を見てくると、ケアマネに求められる要素は「人間性（人の好《よ》さ）」と事務処理、情報収集などの「能力」の2点だということが見えてきます。

それを分類すると**「人が好くて有能」「人は好いが能力に欠ける」「人間性に問題はあるが有能」「人の好さにも能力にも欠ける」**の4つのタイプに分けられます。

いうまでもなく、「人が好くて有能」なケアマネに当たれば何の問題もありません。もちろん関係は相性の良し悪しに左右されますから、多少の感情のいき違いはあるでしょうが、このタイプならケアマネがフォローし、満足のいくサービスが受けられるはずです。

「人は好いが能力に欠ける」「人間性に問題はあるが有能」の2タイプもうまくやっていくことはできます。介護の鍵を握る人間関係。利用者・介護者サイドのケアマネに対する姿勢や対応、つまりつき合い方しだいで欠点を消すこともできるのです。

しかし、「人の好さにも能力にも欠ける」ケアマネに当たってしまったら、運が悪いとしかいいようがありません。この場合も多くの利用者・介護者は、我慢をしてケアを任せていると思いますが、対処の方法はあるのです。

ケース3

介護費用をギリギリまで切りつめるケアマネ

●利用者にとって最善の選択を提案したのに…

和田さんは福祉用具レンタル会社の社員（30代・男性）。ケアマネの指示に従って、利用者に介護用ベッドなどの福祉用具をレンタルする仕事をしており、キャリアは10年以上になります。

その和田さんにケアマネの河野さん（50代・女性）から連絡が入りました。「担当している利用者さんに車椅子が必要になったから、その手配をしてください」とのことでした。

「できれば河野さんにも立ち会ってもらいたかったのですが、『ほかに訪問する家があるから』ということなので、私ひとりでその利用者さんである本田さん宅にうかがいました」

訪問すると、介護をされている娘さんが、車椅子が必要になった理由を話してくれました。

利用者は83歳のお母さん。少し前まではひとりでトイレに行くこともできましたし、家族がつき添《そ》えば外出もできたそうです。ところが、最近は下半身の筋力《きんりょく》が衰えたのか、歩いていてもバランスを崩すことが多くなり、本人と相談のうえ、車椅子を利用することにしたといいます。

和田さんは、利用者の体の状態を観察するとともに、車椅子を使っておもに出かける場所を聞きました。

「出かけるのは週に1回の病院と、2回のデイサービスとのこと。私はカタログを娘さんにお見せし、おすすめの車椅子を示して、その理由を説明しました」

和田さんの会社が扱っている介助用の車椅子は、ひと月のレンタル料が下は3000円から上は1万2000円まであります。用具のレンタルは、利用者が要介護2以上であれば介護保険が適用になります。本田さんは要介護2であり、世帯収入は1割負担に該当《がいとう》したので、3000円のタイプなら月300円、1万2000円のタイプなら月1200円の負担で借りられることになります。

そのなかから和田さんが勧《すす》めたのは6000円、つまり月600円で借りられる車椅子でした。

「私がこのタイプをお勧めしたのは、長時間座っても疲れにくい快適性です。健康な

方でも、椅子に長時間座りつづけるのはつらいものです。たとえば映画館。最近の映画館の椅子は、かなり座り心地《ごこち》が良くなっていますが、それでも座りつづけていると体はしんどくなってくる。2時間近くの上映中は、誰もが重心の位置や姿勢を変えているものです。体を支える筋力が弱っているうえ、自在に姿勢を変えることができない要介護の方はなおさらです。

くわえて、デイサービスに車椅子で行く方は、2~3時間座りっぱなしということもありますし、病院でも診察まで長時間待たされることは多い。そのときの苦痛の軽減を考えて、座り心地が良く、座面《ざめん》が広くて姿勢を変えやすい月額レンタル料600円の車椅子をお勧めしました」

本田さんの家族も説明に納得し、その車椅子を利用することを決めました。

●思わず耳を疑った、ケアマネのひと言

翌日のことです。和田さんが車椅子を手配し、搬入《はんにゅう》に向かおうとしていたところ、ケアマネの河野さんから電話が入ったそうです。

そしていわれたのが「月額300円の車椅子に変えなさい」という言葉でした。

サービス事業者が利用者と交《か》わした契約はケアマネに報告することになっているので、河野さんはこの日、それを確認し、自分の意図と違ったので連絡してきたのです。なぜ「変えろ」といわれたのか理解できなかった和田さんは、家族の了承《りょうしょう》を得ていることや、月額600円のタイプを勧めた理由を説明しようとしましたが、河野さんは聞く耳をもちません。

そして「本田さんには月額300円の車椅子を届けてください。『いまのお体の状態なら、このタイプでいいと判断しました』とかいえば納得してくれるはずですから。それからいっておきますが、利用者さんに介護の知識がないのをいいことに高い車椅子を押しつけるようなことはしないでください」。河野さんはそういって、電話を切ったのです。和田さんは耳を疑ったといいます。

「私には高い車椅子を押しつけようなんて気持ちはこれっぽっちもないわけです。月額300円の車椅子も短時間の移動だけなら用を成しますが、長時間の利用には向きません。利用者さんは苦痛を感じますし、そのストレスで体の具合を悪くする可能性もあります。デイサービスで使えば、そのつらさに『もう行きたくない』とおっしゃるかもしれませんしね。私は福祉用具レンタルのプロとして、利用者さんにもっとも

合った車椅子をお勧めしたわけです。

また、レンタル料がいちばん高い1万2000円、つまり利用者さんのご負担が月額1200円のタイプを勧めたのならともかく、少しグレードの高い600円のタイプです。ケアマネがいう300円のタイプとくらべたって、利用者さんの月額負担は300円のプラスにすぎないですし、ご家族も納得されているわけです。

それに、ウチの会社が得る介護報酬にしても、3000円と6000円では売上も大差はありません。『高いタイプを押しつけている』という、まるで私が悪徳《あくとく》業者でもあるようなケアマネの言い方には、正直カチンときました」

とはいえ、ケアマネの方針は曲げることはできず、本田さん宅には月額300円の車椅子を搬入したそうです。

●かつての成功体験がチームを崩壊させることも

憤懣《ふんまん》が消えない和田さんは、河野さんのことを知るケアマネを探し出し、どんな人物なのかを聞いたといいます。

そのケアマネは「河野さんも相変《あいか》わらずだなあ」と苦笑しながら、こんな話をしてくれました。

「河野さんは、介護は奉仕の精神が第一という考え方に凝《こ》り固まっていて、ビジネスに結びつける人を極端に嫌うんです。それを強固《きょうこ》にする成功体験ももっています。昔、経済的に困窮《こんきゅう》した利用者さんを担当したことがあって、負担を極限まで切りつめるケアプランで支援をして喜ばれたんです。

それ以来、介護負担を軽くするのがケアマネの役目、利益追求に走るサービス事業者から利用者を守る防波堤《ぼうはてい》になろうという意識さえもつようになった。以来、介護費用は安くするのが最善という発想を貫《つらぬ》いているんです」

和田さんが「私はビジネス第一で利用者さんと接しているわけではありません」というと、そのケアマネは「そんなことはわかっています。でも、河野さんはわかろうとしないんです」。

問題を複雑にしているのは、一部ですが介護業界にもビジネス優先、利益追求を第一に考えている業者や営業マンがいることです。

「だからといって、すべてのサービス事業者をそうだと決めつけることはないじゃないですか。多くのサービス事業者は、利用者さんのことを第一に考えて仕事をしている。その思いをくみ取ろうとしないケアマネのもとでは仕事はできませんよ」

河野さんも、根は真面目な人なのでしょう。しかし、自分の価値観が最優先で、ともに働く人を信頼していないわけです。

こんなケアマネが担当になった利用者は不運です。ケアマネの河野さんとレンタル会社の和田さんのあいだで交わされたやりとりも知らず、月額300円の車椅子を利用することになったわけです。もちろん、和田さんから聞いた説明は頭に残っているでしょう。和田さんの説明を信じてケアマネに要望すれば、600円のタイプにすることもできましたが、なんとなくいいづらく、受け入れることにした。それによって、利用者であるお母さんが苦痛を感じるかもしれないのに、です。

なお、和田さんは「河野さんのもとでは二度と仕事をしたくない」と思うようになり、依頼がきたときは、ほかのスタッフに担当してもらうことにしているそうです。

ケース4 支給限度額いっぱいにサービスを組むケアマネ

●なぜ、「支給限度額いっぱい」がダメなのか

良心的なケアマネから〝困ったケアマネ〟と見られている人に「必要もないのに支

給限度額ギリギリまでサービスを入れる」人がいます。

利用者・介護者からもサービス事業者からも、人間性や仕事ぶりが高く評価されているケアマネの田辺さん（40代・男性）はその問題点をこう語ります。

「ケアマネの基本姿勢は『利用者さんの支援のために必要最小限のサービスを提供する』こと。利用者負担は原則1割とはいえ、介護にはお金がかかります。不安なく介護をつづけるには、負担をできるだけ少なくする必要があるわけです。

また、社会的使命もあります。介護を支える財源は逼迫《ひっぱく》しており、無駄づかいしていたら介護保険制度は維持できません。だから、ケアプランにはみずからの知見《ちけん》を総動員し、必要最小限にして最大の効果が得られるサービスを盛りこもうとするのです。

しかし、そんなことはいっさいお構いなしで、支給限度額いっぱいまでサービスを入れてしまうケアマネがいるわけです」

なぜ、この行為がダメなのでしょうか。

理解するには、介護保険制度の支給限度額や利用者負担といったお金の話を知っておく必要があるので、ここでできるだけわかりやすく説明します。

日本は国民皆《かい》保険の国です。国民全員が健康保険に加入し、保険料を支払っている。

◀1か月あたりの支給限度額▶

要介護度	支給限度基準額
要支援1	5,032単位（約50,320円）
要支援2	10,531単位（約105,310円）
要介護1	16,765単位（約167,650円）
要介護2	19,705単位（約197,050円）
要介護3	27,048単位（約270,480円）
要介護4	30,938単位（約309,380円）
要介護5	36,217単位（約362,170円）

それが財源としてあるから、義務教育の就学後から70歳までは3割負担、70歳から75歳までは2割負担、75歳以上は1割負担で（保険適用の）医療が受けられます。

また、介護保険は40歳から加入が義務づけられ、死亡するまで保険料を支払います。そして要介護になったら、集められた保険料からサービス代が支給され、利用者は1割負担で済むわけです（所得によっては2割負担になるケースもあります）。

ただし、要介護度に応じて支給限度額が決められています。

1か月あたりの支給限度額を要介護度別に見ると、上の表のようになります。

要介護度に応じて、この程度の金額があ

れば、必要十分なサービスが受けられるということで設定されたのが支給限度額です。

要介護2を例にとると、支給限度額は19万7050円。この金額までのサービスなら1割負担で受けられるということです。利用者が負担する1万9705円を除いた9割、17万7345円が介護保険料から支給されます。ただし、これはあくまで上限額です。

では、介護サービスの料金はどのくらいかかるのか。たとえば、訪問介護のホームヘルパーが日中に30分から1時間、オムツ交換などの身体介護のサービスをした場合、介護給付費が395単位。1単位は約10円ですから3950円ということになります。

なお、介護業界が「円」ではなく「単位」を使うのは、地域によって物価が異《こと》なり、その補正が必要なことや、早朝や深夜などの訪問時間帯、人数などによって加算が必要になり、金額として表せないためです。

しかし、単位で説明すると理解しにくくなるので、ここではわかりやすく金額で3950円。ヘルパーが1時間程度、身体介護をしてくれると約4000円かかるわけです（自己負担額は400円）。このサービスを平日の月曜から金曜まで入れると2万円、ひと月で8万円から9万円かかります。

また、介護者に仕事があって日中のケアができない場合は、通所介護のデイサービスを利用することになります。要介護2の人がデイサービスを7時間から8時間利用すると765０円（自己負担額は765円）。平日すべての利用でひと月16万円前後、支給限度額にはなんとか収まります。

しかし、ケアマネは基本的に支給限度額を考えてケアプランを考えることはしません。必要最小限のサービスに抑えようとするわけです。ケアマネの田辺さんが語るように、サービスを増やせば1割負担とはいえ、利用者の出費が多くなってしまいますし、逼迫する財源のことを考えれば、無駄づかいできないという意識も働きます。

また、利用者の心身に変化が生じれば、新たなサービスを加えることもあるわけで、枠《わく》に余裕を残しておく必要があるからです。

●優秀な〝営業マン〟ではあるが…

ところが、そうした配慮もなく、支給限度いっぱいまでサービスを入れてしまうケアマネがいるというのです。

「居宅介護支援事業所には、社会福祉法人や民間の会社が運営しているところがあり

ますが、そういうところに所属しているケアマネのなかには、支給限度額いっぱいまでサービスを入れる人がけっこういるんです。

特別養護老人ホームなどの高齢者施設の運営母体は、たいていが社会福祉法人です。社会福祉法人は民間の組織ですが、社会福祉を目的とした公的《こうてき》な事業を行なうことから設立には厳しい審査をクリアしなければなりません。ところが、認可されれば国からさまざまな助成や補助、税制の優遇措置《ゆうぐうそち》が受けられます。公益性の高い非営利法人という位置づけです。

とはいえ、法人を運営していくには事業で収益を上げなければなりません。多くの人にサービスを利用してもらい、介護報酬を得る経営努力をする必要があるわけです。非営利法人として健全経営をつづけていければいいという方向性が守られているところなら問題ないのですが、収益性を高め、事業を拡大していこうと考える経営トップもいて、高齢者施設だけでなく、デイサービス、ケアマネの事業所、ヘルパーの事業所など、さまざまな事業を手がけるようになる。福祉事業のグループ展開です。

そういうトップから見れば、所属するケアマネは営業マンのような存在です。ケアプランをつくる立場にあって、サービスを増やすことやその仕事をグループ内の事業者に振ることができるからです」

利用者はケアマネから「このサービスは必要です」といわれれば受け入れますし、同じグループのサービス事業者が来ることも、支給限度額いっぱいまでサービスを入れられていることにも気づきません。

誰からも文句をいわれず、利用者の支給限度額の介護報酬はその法人に入るわけです。まさに優秀な〝営業マン〟。上司からは高く評価され、待遇《たいぐう》も良くなっていく。こうして、サービスを支給限度額いっぱいまで組むことがくり返されるのです。

田辺さんは、知り合いの訪問看護師からその事例を聞いたそうです。

「実家でお母さんを娘さんが介護しているケースです。娘さんは同居で仕事も辞めていたので介護に専念できる状況。家事はお手のものですし、身体介護もできます。

しかし、担当ケアマネは毎日のようにヘルパーを入れたそうです。サービスを増やせば利用者負担も大きくなりますが、お母さんの年金で賄《まかな》っていたので、娘さんからの不満も出ない。また、ヘルパーが毎日入ってくれれば、やることも少なくなってラクですから、いまもその状態がつづいているそうです。でも、必要最小限のサービスでケアの効果を出そうと努力しているケアマネから見れば、釈然《しやくぜん》としないですよね」

4章

●ケアマネとの良好な関係の築き方

ケアマネに任せきりでは満足な介護は望めない

利用者・介護者しだいでケアマネの仕事ぶりは変わる

ケアマネのなかには、利用者・介護者のニーズに応《こた》えてくれない人、相談したいのに親切に対応してくれず、困っていることも解決してくれない人もじつはけっこういると、ここまで述べてきました。

しかし、その責任はケアマネだけにあるのではなく、**利用者・介護者の側にも問題があるケースが多い**のです。親しいケアマネに話を聞くと「介護支援がうまくいくかどうかは、利用者さんやその家族との人間関係がすべて」という言葉がよく出てきます。

ケアマネも感情のある人間です。介護に前向きな姿勢をもっていて訪問したときは笑顔で迎えてくれる、担当ケアマネをリスペクトしていて、アドバイスを素直に受け入れてくれる――こういった利用者・介護者には「この人たちのために一生懸命やろう」と思うものです。

ところが、利用者（親）と介護者の関係が悪いらしく、介護を嫌々《いやいや》やっている、ケアマネが訪問しても面倒くさそうに対応し、それでいてサービスに不満があるとクレームをつける、といった人には気持ちが入らず「一応、ケアマネの務めだけは果たしておこう」という感じで仕事にあたるわけです。

つまり、**利用者・介護者の対応しだいで、ダメなケアマネも良い仕事をしてくれる可能性はあるし、良いはずのケアマネもダメな仕事ぶりになってしまうことがある**のです。

ただ、それ以前の問題で、利用者・介護者の側にケアマネとの人間関係を築《きず》く気がない人が多いのもたしかです。そもそもケアマネがどういう立場の人で、自分の家の介護にどう関与しているのかも知らない人が少なくありません。

介護が始まるときに来て話を聞き、ケアプランなるものをつくってもってきた。了承《りょうしょう》すると介護サービスが来るようになったが、ケアマネは月に1回顔を出す程度。何やら重要な役割をもっていそうだが、顔はわかっても名前は思い出せない……そんなつき合い方しかしていない人が多いのです。

こうなるのはケアマネ側に問題があります。最初に自分がどんな立場で、今後の介護にどのように関与するのか、しっかり説明していない。月に1回の訪問（モニタリング）も何のために行なうのか知らせていなかったりする。そしてモニタリングが終わると、さっさと帰ってしまうケアマネもけっこういるのです。

利用者・介護者にはケアマネに対して、漠然《ばくぜん》とした遠慮をしてしまう心理があります。相談したいことや要望があっても、どこまで話していいものかわからず、ちゅうちょしてしまうことがあるのです。それは、事務的な対応をしがちなケアマネが多いからでしょう。人間関係を築くアプローチを行なっていないのです。

評判の良いケアマネはこの点が異《こと》なります。まず、説明がていねい。介護初心者の利用者・介護者にもわかりやすく、介護保険やサービスのシステム、ケアマネの役割、ケアプラン、ケアの進め方などを説明します。

また、月に1回の訪問時もモニタリングだけで終わるのではなく、利用者・介護者に質問をし、コミュニケーションをとろうとします。ケアマネは介護という公的システムを運用する専門職。前述したように、利用者・介護者にとっては役所の職員のように見えて、それが心理的な壁となってなかなか心を開いて話ができないものです。ですから、どこまで踏みこんだ話をしていいかわからない。良いケアマネは自分からその壁を取り払うアプローチをするのです。

利用者・介護者の出身地や仕事を尋《たず》ねたり、相手の様子を見て困っていそうなことがあったら聞いてみたりする。人は相手が自分に興味をもち、質問されるのは気分がいいものです。最初は一方通行の質問でも、それをつづけることで、相手は心を開くようになり、やがて双《そう》方向のコミュニケーションになって人間関係が築かれていく。それによって意思の疎《そ》通《つう》が図られ、より良い介護につながるのです。

問題はダメなケアマネの多くがそれを怠《おこた》っていることですが、だとしたら利用者・介護者のほうからアプローチすればいい。私と親しいケアマネは、こう教えてくれました。

「どんな質問や要望も話してもらって大丈夫ですよ。ケアマネは利用者さんやご家族の話を聞くのも重要な仕事。抱《かか》えている事情を知ることはケアを考える材料になりますし、大歓迎です。ケア以外でも、自身のストレス、仕事の悩み、施設入所のことなど何でも聞いてもらってかまいません。解決できる保証はありませんが、一般の方よりくわしいはずですし、アドバイスはできる。それに解決できなくても、話をすれば気が楽になることもありますし」

ケアマネには心を開いて接するようにしたほうがいいのです。ケアマネのやる気を引き出す対応を心がけることも大事です。それがダメなケアマネを良いケアマネにすることもあるのです。訪問時は笑顔で迎えるといったことから始めるのもいいのではないでしょうか。

ケアマネと自分たちの関係は「1対1」ではない

ケアマネと良好な人間関係を築くには、彼らがふだんどんな仕事をしているかを理解しておくことも大切です。

2章でくわしく述べたとおり、ケアマネはかなりハードな日々を送っています。ひとりが担当している利用者は30人前後。多い人になると35人、場合によってはそれ以上を担当しているケースもあります。

担当している30人前後のなかには、独居《どっきょ》で寝たきりの人もいるかもしれない。介護者が虐待をしている家や利用者本人が徘徊《はいかい》をくり返すことに悩んでいる家が含まれている可能性もあります。そういう利用者はケアマネも毎日のように様子を見に行かなければならず、そのうえで担当する30件を目配りするのは相当大変です。

しかし、利用者・介護者はそこまで考えが及びません。自分たちにとっての担当ケアマネはひとり。ケアマネがほかに30人前後を担当していることなど知らず、わが家のケアに集中していると思うわけです。

だから、しばらく連絡が入らなかったり、なかなか訪問に来なかったりすると、手を抜いているんじゃないかと考えるようになる。それが不満につながり、良好な人間関係を築くことができなくなるわけです。

利用者・介護者とケアマネの構図は、1対1ではなく、約30対1と知っておいたほうがいい。

といって、ケアマネが自分たちに注《そそ》ぐ労力や知恵が30分の1かというと、それも違う。ケアマネは、**いま目の前で対面している利用者・介護者には集中して対応し、もてる力の100％を出そうとしている**わけです。

この構図は、小学校や中学校の担任の先生をイメージするとわかりやすいでしょう。担当する人数は30人から40人とほぼ同じ。そのなかには、やんちゃな子が数人はいて、担任の意識はおもにそこに向かいます。しかし、手のかからない生徒を無視しているわけではない。そのなかの生徒に異変が生じたら、そちらを最優先で心配するわけです。そのあたりは、ほかの生徒もわかっていて、ふだん目をかけてもらえなくても不満は感じません（えこひいきのようなケースは別ですが）。

ケアマネもそのように対応しているといえます。担当する約30人のうち、つねに注視することが必要な人には、より多くの時間と意識を注ぎますが、それ以外は見守るレベルで済ませる。しかし、それらの利用者にも何かが起これば、そちらに集中するという臨機応変《りんきおうへん》の対応をしているわけです。

ケアマネは利用者・介護者にそうした事情を話すことはありませんが、**「ウチは多くのなかの1軒だ」と知っていれば、余計な負担をかけないよう配慮する**ようにもなるもの。また、担当してくれていることに感謝し、来訪時には「ありがとうございます」のひと声をかける気にもなります。ケアマネのほうも、そんなことをいってくれる人は少ないですから、好感をもち、気持ちを込めて仕事をすることになるのです。

頼れるケアマネは「目線の高さ」が同じ

「上から目線」という言葉があります。相手がこちらを見下《みくだ》したように偉《えら》そうな態度を取ることです。相手が会社の上司なら明らかに立場は上ですから、それも受け入れるしかありませんが、初対面でどっちが上かわからないのに「上から目線」の態度をとられると腹が立ちます。

ただ、コミュニケーションは微妙な上下関係で成り立っていることも事実。誰もが、それを探《さぐ》りながら話をしたり、つき合っているわけです。

ケアマネと利用者・介護者の関係も、それに当てはまります。

介護が始まるときは、ケアマネが「少し上」の目線の状態にあるといえるでしょう。要介護になれば、本人も、介護する家族も、介護保険適用のサービスを受けなければ生活していけません。役所にＳＯＳを出し、それに応じてサポートしにやってくるのがケアマネなのです。

また、介護にかんする知識もありませんから、すべて教えを乞《こ》わなければなりません。どう見たって立場はケアマネが上になるわけです。

ただ、介護サービスは誰もが平等に受ける権利をもち、ケアマネは公正中立の姿勢でそれを提供する職務です。だから、立場的に上ということではなく、コミュニケーションをとる関係性で少し上からの目線という感じです。

ダメなケアマネは、この「少し上から目線」の関係性を維持しようとします。3章でダメなケアマネにありがちな欠点として挙げた「上から目線で語る」「利用者や家族を素人《しろうと》として決めつけている」「自分が正しいと思いこんでいる」といった特徴の持ち主です。

自分が少し上にいれば、ケアプランをつくることから始まって介護サービスを継続するうえでも主導権を握りつづけることができます。この関係性をキープすれば、利用者・介護者がサービス等に不満を感じても、なかなかいい出せません。いわれなければ、ケアプランを見直す必要もなく、仕事はラクになるわけです。

利用者・介護者はケアマネに対し、漠然とした遠慮があって要望が出しにくいものですが、それは「少し上から目線」をキープしているケアマネがいかに多いかということを示しています。

しかし、良いケアマネは違います。介護が始まるときは利用者・介護者が心理的に「少し下から目線」にあるため、それに従ってケアマネも「少し上から目線」で対応せざるをえませんが、コミュニケーションを重《かさ》ねながらみずから目線を下げていき、同じ目線の位置、フラットな状態までもっていくというのです。

「どちらが上でも下でもないフラットな関係になって、初めて利用者さんも家族もケアマネに質問をしたり要望を伝えることができるようになるからです。また、こちらからのアドバイスも、『こうしなさい』というのではなく、『こんな方法もありますよ、試してみたらいかがですか？』といったふうにいえば、受け入れられやすくなります。こうした関係性になることで課題が見つかり、ケアプランの見直しやサービスの改善にもつながる。介護をより良いものにするには、ケアマネと利用者・介護者が同じ目線になることが不可欠なんです」

では、「少し上から目線」の位置から「同じ目線」まで、ケアマネはどのように下げていくのでしょうか。

「じっさいに目の位置を下げることもします。利用者さんが椅子に座られたり、ベッドにおられるときは、ヒザを床につけて目の位置を同じにして語りかけるようにしますしね。命令するような話し方も避けるようにしています。そしてつねに笑顔を心がけます。また、会話では介護とは関係ない世間話も織《お》り交《ま》ぜて、心を開いてもらうようにします」

そのようなコミュニケーションをくり返すことで、目線が下がっていくといいます。なかにはケアマネへの気づかいから「少し下から目線」をキープしようとする利用者もいるそうですが、それでもフラットな状態に近づける。良いケアマネはこんな努力をしているのです。

プロ意識が足りない〝御用聞き〟ケアマネ

目線の上下関係では、少数ですが特異なケースもあるといいます。介護のスタート時は心理的背景もあって、大方は利用者・介護者が「少し下から目線」、ケアマネが「少し上から目線」ですが、利用者・介護者のなかには「上から目線」を押しとおす人がいるのです。

会社の社長だったり、大学の教授だったり、つねに相手に上からものをいっていた人にはその傾向があるそうです。ケアマネをはじめ、介護サービスで来る人たちを下に見て、パワハラ的言動を連発。ケアプランにも口を出し、サービスを自分の意向で変えてしまう人もいるそうです。

社長なら会社にいるときは、そんな上から目線も受け入れられたでしょう。しかし、一般社会では、その人の肩書や残した業績など誰も知らず、通用するわけがありません。そんな冷静な判断ができない困った人もいるわけです。このような利用者に当たったケアマネはストレスをため、それが限界にくると担当を替えてもらうことになります。

「このタイプの利用者さんを女性ケアマネが担当するのは難しい。で、辞《や》めたあと、私のような男性ケアマネが担当を引き継ぐことが多いですね」

こうした難しい利用者でも、上から目線を反省してもらい、同じ目線にすることが可能だといいます。

「パワハラ気質に恐れをなして、いわれたことをすべて聞いちゃうからダメなんです。私の場合はケアプランに口出しされても、受け入れられないことだったら『要望にはお応えできません』ときっぱり告げます。しかも、感情的にならず冷静に。ケアプランのプロとして、その理由を筋道《すじみち》立てて説明するのです。

前任のケアマネがいうことを聞いてくれたのに、聞かないわけですから当然、相手は反発します。でも、それなりの地位に就《つ》いていた方は理解力がありますから、そうした対応をつづけていれば目線もだんだん下がっていって、最終的にはフラットな関係になるんです」

良いケアマネは数多くの利用者・介護者と接する経験を重ねる過程で、フラットな人間関係を築く方法論を学び、実践《じっせん》するのです。見方を変えれば、そうした努力をしないプロ意識に欠けたケアマネがかなりの割合でいるともいえるでしょう。

ケアマネのなかには、自分から「下から目線」になろうとする人もいるそうです。前述したように、介護が始まるとき、ケアマネは「少し上から目線」にあることがふつうですが、みずから「下から目線」になるのです。腰が低く、ケアプランや介護システムにかんする説明もていねい。そして、利用者・介護者の要望を聞いてケアプランをつくります。

利用者サイドからは、すばらしいケアマネが担当になってくれたと思うでしょう。偉ぶらないし、親切だし、こちらの要望も受け入れてくれる。「この人に任せていれば大丈夫」と思えるわけです。

しかし、じつはそうでもないそうです。

「利用者さんの要望を聞いてばかりでは良くないのです。ケアマネは利用者さんの心身の状態を観察し、どのようにしたら無理なく生活を送ったうえで自立までもっていけるかを考えてケアプランをつくる。知見《ちけん》を総動員してつくったケアプランがまずあって、そのうえで利用者さんや家族の要望を反映させていくのです。最初から要望ばかりを聞いていたら、利用者さんのためになる良いケアプランはできません」

みずから「下から目線」になり、利用者・介護者の要望をそのまま受け入れるタイプをケアマネ業界では〝御用聞き《ごよう》〟ケアマネと呼んで、困った人と見ているそうなのです。

「性格的に気が弱いというか、人に好かれたい思いが強いというか。ケアマネとして自信がないということも考えられます」

低姿勢で親切そうに見えても、仕事に自信がもてない人が担当になったら、良い介護はできません。初対面のとき、「下から目線」を感じるケアマネは要注意なのです。

「介護に前向きな姿勢」がケアマネの心を動かす

利用者・介護者とケアマネは、同じ高さの目線、フラットなコミュニケーションがとれる関係が良いということです。ところが、ここまで述べてきた目線の高さは、ケアマネ自身の資質《しし》《つ》やキャラクターに任されるものです。

つまり、良いケアマネに当たらなければ、その関係にはならないということでもあります。

では、利用者・介護者サイドの働きかけで、目線をフラットにする方法はないのでしょうか。

こちらも、ベテランケアマネに聞いてみましょう。

「まず、リスペクトをもって接することが基本だと思います。長い実務経験があり、高いハー

ドルを越えてやっとなれる専門職。初対面では人間性まではわかりませんが、ケアマネという仕事に就いていること自体、リスペクトに値《あたい》するのです。

それに利用者・介護者の多くはケアマネがどういう役割をする人物かさえ理解しないまま接している。そんななか、リスペクトの姿勢が感じられれば悪い気はしませんよね。気持ちをくみ取って仕事をしようという思いが生まれるわけです」

ケアマネの存在を知ろうとする人が少ないのと同様、大半の利用者・介護者は受け身です。介護の知識がないのですから、それも仕方がありませんが、ケアマネのいうことにただ従っているだけ。しかしそれでは、ケアマネが「少し上から目線」という関係性は変わりません。

わからないことがあれば質問をする、それに対するアドバイスがあれば素直に聞く、というように、利用者サイドから積極的にコミュニケーションをとることで、目線の位置を近づけることができるのです。

「それと、ケアマネに前向きな目標を語っておくのもいいと思います。たとえば、お母さんを娘さんが介護しているとします。で、ケアマネにはこんな話をする。『昔、家族で旅行に行った思い出の場所があって、母がそこへもう一度行ってみたいというんです。いまは歩くのもおぼつかないので無理ですが、サービスを受けて体が良くなったら、一緒に行こうねと話しているんです』と。こういう話を聞くとケアマネは心を動かされるんです。まず職業意識。ケアマネのベースにあるのは自立支援、つまり利用者の心身の状態を良くすることですから、娘さんが語る目標と合致《がっち》するわけです。

また、具体的な目標が示されることで、それを達成するためにケアプランにどのようなサービスを盛りこみ、どんなプロセスで回復させていくか知恵を絞《しぼ》ることになる。ケアマネの腕の見せどころであって、モチベーションが上がるわけです。くわえて気持ちも刺激されます。ケアマネを志《こころざ》す人はもともと『人のために役に立ちたい』という思いをもっています。

長い年月をかけて努力してなっているのだから、その思いは強い。それでも利用者が満足できるサービスが提供できないケアマネがいるのは、仕事に追われて余裕がなくなっていることが多分《たぶん》にあります。でも、この娘さんのような目標を聞かされると、原点にある思いがよみがえって、俄然《がぜん》やる気が出るわけです」

ケアマネのこうしたコメントを聞くと、**ダメなケアマネを生んでいるのは利用者・介護者の**ような気がしてきます。

ケアマネには利用者の心身の状態を回復させようという前向きな思いがあるのに、大半の介護者は、利用者が死を迎えるまでの経過期間をいかに苦労を少なく過ごせるかという後ろ向きの理由しかない。これではケアマネのやる気が低下するのも無理はありません。

こう考えると、ダメなケアマネを良いケアマネに変える方法が見つかります。**介護は自立支援だという意識をもち、老親を回復させる目標をもって前向きの姿勢で取り組む**ことです。

それにはケアマネをリスペクトし、積極的にコミュニケーションをとることも必要。そうすることで「少し上から目線」のケアマネが同じ目線のところまで下りてきて、的《まと》を射《い》た支援をしてくれるようになるのです。

ケアマネへの質問や相談は、どのタイミングがベストか

ケアマネと良好な人間関係を築くには、距離の取り方も大事な要素です。

ケアマネは職務上、公正中立でなければなりません。利用者を選《え》り好《ごの》みすることはできませんし、担当する30人前後を分けへだてなく支援することが求められるのです。そんなこともあって**ケアマネは、利用者・介護者には基本的に一定の距離を保《たも》つようにしている**ようです。

ケアマネもさまざまなタイプがいて、親しみやすく距離が近く感じられる人もいれば、対応が事務的で近づきがたい人もいます。そうした人柄《ひとがら》の違いはあるものの、基本姿勢としては利

用者に近づきすぎないようにしているそうです。

利用者・介護者のほうも、それを感じてケアマネへの相談をちゅうちょする傾向があります。一歩踏みこんでいけない関係がつづくわけです。しかし、そのままでいたら、前項で述べた同じ目線の高さの人間関係にはならず、要望を伝えることもできません。やはり、こちらから相談をもちかけるといったアクションを起こして、距離を近づけたほうがいいのです。

では、どのタイミングでコミュニケーションをとったらいいのでしょう。

いちばんのチャンスは、月に1回は行なうことが決められているモニタリングでの来訪時です。ケアマネの多くはモニタリングの項目を利用者・介護者に聞き、ひと通りをチェックしたら帰ろうとしますが、話が終わりそうになったとき、「ちょっとお聞きしたいことがあるのですが」と声をかけて、いま困っていることなどを相談する。ケアをしていれば、質問したいこと、相談したいことは山ほどあるはずで、それを率直《そっちょく》に話すのです。

受けている介護サービスは、ホームヘルパーにしても訪問看護にしても、すべて30分以上1時間未満といったように時間で区切られています。ケアマネもそれと同じで、「引きとめてはいけない」と思っている人がいるかもしれません。

じつは、ケアマネの来訪に制限時間はありません。ケアマネは担当する利用者・介護者の支援をするのが役目であり、そのために話を聞くのも重要な仕事。ケアのことだけでなく、抱えている悩みなど何でも話していい相手なのです。**引きとめて、話を聞いてもらうことは全然かまわない**のです。

ただし、ケアマネは各々《おのおの》、利用者宅の訪問時間に対する考えがあるそうです。20～30分を目安にしている人、1時間程度と考えている人、時間無制限で話が終わらなければ何時間でも聞く人というように。これはケアマネの仕事に対する考え方によるようです。

短く切り上げれば、1日5～7軒というように利用者宅をより多くまわることができます。そのぶん、ひと月あたりの訪問件数も多くなります。いっぽう、無制限でひとりの話を何時間も聞いていたら、1日せいぜい1～2軒でしょう。30人を担当していれば、月に1回訪問できるかどうかということになります。

「利用者の話をとことん聞くという姿勢をもっているのは、良いケアマネと思われるかもしれません。でも私の経験上、何時間もケアにかんする話がつづくことはない。大半はケアとは関係ない世間話になっているんです。

もちろん、それに意味がないとはいいませんよ。とくに介護者はストレスをためこんでいて、誰かに話を聞いてもらうことでスッキリして気持ちを立て直せる効果があります。その意味で

は時間をとって話を聞くのも大事ではあるのですが、一軒に時間をかけすぎると、ほかの利用者さんの訪問にしわ寄せがいくことがありますから、ケアマネとしては、ほめられた行動とはいえません」

こう語るケアマネは、モニタリングでの訪問時、利用者・介護者と話をする時間は長くても30分と決めているそうです。この時間でも十分、重要な困りごとや悩みを聞くことはできる。すぐに答えが出ないような課題であれば、「考えてみます」といって帰り、翌週、いくつかの解決策を用意して再訪するようにしているといいます。

このように、1回の会話を短くし、何度も訪ねて話の内容を深めていったほうが、より良い解決策が模索《もさく》できるし、ケアマネと利用者・介護者との人間関係も築けるというのです。

ケアマネは、ほかにも多くの利用者を担当しています。日々、訪問の予定を立て、それに合わせて各利用者の課題も頭に入れておくなどの準備もしています。引きとめて世間話をするのは、そうしたスケジュールを崩してしまうことでもあり、避けたほうがいいのです。

「ケアマネがモニタリングで来る日が近づいたら、前もって質問したいことや相談したいことをメモに書いておくといいと思います。そしてモニタリングが終わったところで、それらを簡潔に聞くようにする。その程度だったら負担にもならないですし、たいていのケアマネは面倒

くさがらずに答えてくれるはずです。ただし、ケアマネもつぎの予定が入っているので、『無理に引きとめない』という気づかいは見せてください」

そのように利用者・介護者の側が適度なコミュニケーションを求めることは、ケアマネとの距離を近づけることになりますし、やる気を引き出すことにもつながるのです。

また、もし**質問や相談に対して面倒くさそうな素振《そぶ》りを見せたり、しっかりと考えもしないで答えるようだったら、ダメなケアマネである可能性が高い**。そんな判断材料にもなるわけです。だから、利用者・介護者もケアマネがいうことをただ聞くだけの受け身の姿勢をとるのではなく、積極的にアプローチしたほうがいいということです。

なお、質問や相談する機会はモニタリングのときだけとは限りません。こちらから電話連絡すれば、予定が入っていない限り、来訪し話を聞いてくれるそうです。

ケアマネはだいたい、朝9時には所属する包括や事業所に来て、仕事の準備をしたり事務処理をし、10時ぐらいには利用者への訪問にでかけるそうです。ですから、10時までに連絡すればつかまりやすいですし、不在の場合も用事があることを伝えれば、折り返しの電話があり、スケジュールを都合して来てくれるものです。

利用者・介護者にはどことなく遠慮があって、連絡したら迷惑ではないかと思いがちですが大丈夫。大半の利用者は同様の遠慮があり、連絡することはないですから、十分対応できるといいます。遠慮などすることはないのです。

ケアマネがより親身になる利用者・介護者とは

ケアマネは「人が好《よ》くて有能」「人は好いが能力に欠ける」「人間性に問題はあるが有能」「人の好さにも能力にも欠ける」の4つに分類されると3章で述べました。そして、どのタイプが担当になるかは運しだいだ、とも。

となると「人が好くて有能」なケアマネに当たればいいけれど、ほかの3タイプが担当になると、より良い介護支援は期待できないということになってしまいますが、そんなことはありません。

利用者・介護者側の対応しだいでは、「人は好いが能力に欠ける」「人間性に問題はあるが有能」の2タイプも、欠点が薄《うす》らいで期待どおりの仕事をしてくれる可能性はありますし、「人の好さにも能力にも欠ける」タイプにしても、やる気を引き出し、許容《きよよう》できるレベルの仕事をしてもらうことができるのです。

◀ケアマネが熱意を失う4つの要因▶

①自宅の環境

- ケアマネの訪問を歓迎しない
- 家がゴミ屋敷になっている
- その家独自の受け入れがたいルールがある

②コミュニケーション

- 話をしても無反応で、意思の疎通を図れない
- ケアマネが言ったことをすぐ忘れる
- ケアマネの提案を受け入れようとしない
- 話を止めず、なかなか解放してくれない
- 過剰にもてなそうとする

③ケアに対する姿勢

- 介護そのものを放棄している
- 一応ケアはするが
  嫌々やっている
- 自立支援型ケアを断る

④人間性・性格

- 介護費用をケチる
- 利用者と介護者、家族の人間関係が良好ではないことを露わにする
- 介護者が利用者を虐待している
- パワハラ、モラハラ、セクハラを行なう
- クレーマー気質がある

逆にいえば、利用者・介護者の対応が悪ければ、良いケアマネもやる気を失い、ダメなケアマネにしてしまうことがあり得るのです。ケアマネは公正中立が原則ですが、担当する30人前後の利用者を平等に目配りすることは難しい。利用者によって注《そそ》ぐ熱量に差が出るのです。だったら、**対応に気を使い、熱量を高くしてもらったほうがいい**。「あの利用者さんとご家族は感じがいいから放《ほう》っておけない。頑張ってサポートしよう」と思われることが有利に働くのです。

つぎに、その前提条件として、ケアマネが利用者・介護者に対する好感度を下げるマイナス要因、つまり利用者・介護者が避けたい対応について、ベテランケアマネのコメントを交《まじ》えて見ていきます。要因は、大きく4つに分けられるでしょう。前のページの表に、その4つを記しました。次項から順に説明していきます。

ケアマネのやる気をそぐ要因❶…自宅の環境

ケアマネは介護が始まるとき、モニタリングや利用者の心身の状態が気になるときなどに、自宅を訪問することになります。じつは、利用者・介護者には、それを快《こころよ》く思わない人が少なくないといいます。**他人を自宅に入れることに抵抗感があるから**です。くわえて、家庭の内情《ないじょう》も含めた立ち入った話に他人が踏みこんでくるわけですから、歓迎できない意識が生まれます。

いっぽう、ケアマネもそういう意識が強い家を訪問するときは緊張感があるといいます。意を決して行くという感じです。長いつき合いになれば、それも薄れていきますが、当初はピリピリした空気が漂《ただよ》うわけです。

「他人に立ち入ってほしくないという気持ちはわかるんです。でも、利用者さんとご家族がケアマネや介護サービスの支援を必要としているわけで、歓迎してくれとまではいいませんが、ごくふつうに迎え入れてくれてもいいのではないかとは思いますね」

来訪に抵抗感を示す利用者・介護者が多いということは、笑顔で迎えるだけでケアマネの印象が良くなるということでもあります。

つぎに家のなかのゴミの問題。部屋が片づいていないというだけでなく、ゴミが山積みになっている利用者宅もかなりあるそうです。

「利用者さんは日常生活に支障《ししょう》をきたしている状態ですし、ご家族も忙しくて部屋の片づけなどに手がまわらない方が多い。ゴミの回収日に出しに行けない、あるいは利用者さんに認知症

の症状があって、ゴミの回収日を間違えるケースもあります。

近所の人も、そんな間違いにやさしく対応してくれればいいんですが、なかには怒る人もいる。それが怖くてゴミを出しに行けなくなる方もいるんです。だから、利用者さんの部屋にゴミがたまっているのは想定内。ゴミを嫌がっていてはケアマネは務まらないんです。

それに、ゴミの問題も支援のひとつになります。ホームヘルパーの生活援助にゴミ出しを組みこめばいいんですから。部屋が片づいていなかったり、ゴミがたまっていること自体、そう気にされなくてもいいです。ただ、それも程度問題で、ゴミで足の踏み場もない状態の家にはケアマネも訪問を避けたくなります。また、テレビで報道されるゴミ屋敷の住人のようにゴミに執着《しゅうちゃく》して、絶対に捨てようとしない人もまれにいます。そういうケースは困難事例として扱われ、ケアマネから担当を拒絶《きょぜつ》されることがあります」

居室《きょしつ》にゴミがある程度なら許容範囲。しかし、度が過ぎるとケアマネも耐えられなくなるということです。それを考えると、ゴミがなく片づいているだけでケアマネが受ける印象は良くなります。

また、介護者が「今日はケアマネさんがくるから、きれいにしておこう」と片づけた形跡《けいせき》が見られるだけでも好感度は上がるということです。

ケアマネのやる気をそぐ要因❷…コミュニケーション

ケアマネは利用者・介護者に話すことがたくさんあります。介護保険のシステムやケアプランの説明をする必要がありますし、今後、介護を進めるにあたって意思の疎通を図っておかなければなりません。

しかし、もともとコミュニケーションが苦手なのか、説明に相づちを打つこともなく、ハイ、イイエの返事もなく、聞いているかどうかもわからない反応の人がいるそうです。

また、介護の主体となるのは家族である介護者であって、ケアマネはサポートする役割。その立場上、介護者として日々やってほしいことや心がけてもらいたいことを伝えるわけですが、忘れてしまって、やってくれない人が多いといいます。

ケアマネにとっては利用者・介護者とコミュニケーションをとるのがもっとも重要な仕事といえます。それが成立しなければ仕事にならないわけで、その家のケアに対するモチベーションも下がってしまうのです。

それとは対照的に、根っからの話し好きで、延々《えんえん》と話しつづける人がいるそうです。それも肝心のケアのことはそっちのけで、多くは世間話。ケアマネとしてはつぎの予定が入っていて早く切り上げたいのですが、なかなか解放してくれず困ることが多いといいます。

過剰《かじょう》なもてなしもケアマネを困惑《こんわく》させます。**介護の支援という仕事で来ているのですから、もてなしは必要ない**のです。しかし、来てくれた以上、もてなさなければならないと思い込んでいる介護者（とくに女性）はけっこういて、そのなかには過剰なもてなしをする人がいるといいます。

「お母さんを介護されている60代の娘さんなんですが、ケアの打ち合わせをしているとき、席を立った。で、10分ぐらいしたら現れて、『ラーメンをつくったので食べてください』というんです。昼食は済ませていたんですが、断るのは失礼かなと思って食べました。でも、それならそれで、話をしているときに『お腹は空《す》いてませんか？』とか『お昼は済ませましたか？』と聞いていただきたいですよね。聞いてくれればお断りできますし。また、その10分間は話を進めたほうが、私にとってもその方にとってもいいわけですよ」

このエピソードは特殊な例ですが、「友達からおみやげでいただいたから」といってお菓子などをケアマネにもたせる人は少なくないそうです。ケアマネは介護者との人間関係を大事にしますからむげには断りませんが、過剰なもてなしはむしろ迷惑。もてなしはなくてかまわないし、するにしても儀礼的にお茶を出すぐらいで十分なのです。

ケアマネのやる気をそぐ要因③…介護への姿勢

介護に対して前向きな姿勢で臨《のぞ》んでいるかどうかも、ケアマネのやる気を左右します。

「介護者のなかには、ケアマネと会おうとしない人がいます。その場合は、利用者さんと話をすることになりますが、なかには寝たきりかそれに近い状態で、認知症の症状が出ている方もいる。そういう方と話をしても、より良い方向性を見いだすのは難しいわけです。それで利用者さんに『介護者はどうしているのか』を聞くと、同居していることもある。ケアマネとは会いたくないようで、閉じこもって出てこないのです。

また、仕事を理由に会おうとしない人もいます。平日は仕事があって会うのが無理なら、我々《われわれ》は休日でも対応しますし、介護にかんする大事な話をするときは、仕事を休んでも会うべきじゃないですか。でも、それさえ拒《こば》む。介護を放棄しているのです」

そのような介護者には、親に対する情が感じられません。ケアマネは利用者の日常生活の課題解決だけでなく、自立を支援するために力を尽くしますが、それは情がある介護者とともに行なわなければ成り立つものではないのです。

しかし、介護を放棄しているということは、その思いがゼロ。「親の心身の状態が悪くなってもかまわない」と思っているし、極端にいえば「早く死んでほしい」という態度なのです。ケアマネとしては、そんな状況に置かれた利用者が気の毒ですから、**できるだけのことはしますが、介護者がこの態度ではやる気が起こるわけがありません**。

ここまで極端ではありませんが、自立支援型のケアを断る介護者も同様の傾向があります。自立支援型ケアとは、リハビリなどの要介護者の状態を少しでも良くするためのサービス。それを断るというのは、状態が改善されなくてもかまわないということなのです。

ケアマネのやる気をそぐ要因④…人間性

このタイプの介護者には、介護費用をケチる人がいます。経済的に困窮《こんきゅう》しているのであれば、それも仕方がありませんが、生活ぶりなどから見て経済的に何の問題もなさそうなのに「このサービスは無駄だ」といってケアプランの見直しを求める人がいるのです。これは前項の「ケアに対する姿勢」にも通じる介護者としてのマイナス要素です。

利用者と介護者、つまり親と子の不仲が露《あら》わになるケースもケアマネを困らせます。

「ケア相談を受けているとき、利用者の親御《おやご》さんと介護者のお子さんがケンカを始めることがあるんです。一応、あいだに入ってなだめますが、対応には苦慮《くりょ》しますよね。どの家にも他人にはうかがい知れない事情がありますし、確執《かくしつ》もあるものです。

とくにきつい介護をしているときは感情が爆発しがちなのは我々もわかっています。でも、それは家族間で折り合いをつけてもらわなければならない問題であって、ケアマネはどうすることもできないんです。少なくとも、目の前でケンカをするようなことは避けてほしいですね」

そして、ケアマネがやる気を失う以上に、担当することを避けたいと思わせるのが、**介護者が利用者に虐待《ぎゃくたい》をしているケース、利用者・介護者にパワハラ、モラハラ、セクハラの言動があるケース、サービスをはじめ何かにつけてクレームをつけてくるケース**です。

この場合は担当することになったケアマネのほうが不運。トラブルが絶えませんし、ケアマネ自身が担当を拒否することが多くなります。そして、困難事例として扱われ、経験豊富なケアマネが担当につくことになります。

それでも事態が改善されないと、地域の介護ネットワークのブラックリストに載《の》り、誰も担当しなくなる。介護難民になってしまうのです。

そうしたトラブル・メーカーは、たとえ家族がいたとしても、まともなケアはしてくれないはずです。

そのうえ、ケアマネに見はなされ、ホームヘルパーなどが来なくなったら、食事さえ摂《と》ることができなくなる。行政はそういう人でも放置することはありませんが、生活環境は悪化するばかり。良いことはひとつもないので、その傾向がある利用者・介護者は自省《じせい》し、言動を慎《つつし》むしかないのです。

ここまで記したような対応をすると、ケアマネのやる気を失わせてしまう。満足のいく支援をしてくれないダメなケアマネになるのです。

このような対応をしないよう心がけたうえで、ケアマネにはリスペクトして接する、アドバイスを素直に聞き、質問、相談をするなどコミュニケーションを積極的にとる、良好な人間関係（できれば信頼関係までもっていきたい）を築く、前向きな目標を設定し、達成への協力を求める……といった姿勢を見せれば、ケアマネは担当する30人前後の利用者・介護者のなかでも、とくに多くの熱量を注ぎ、満足のいく仕事をしてくれるはずです。

ケース5　ケアプランの選択肢が乏《とぼ》しいケアマネ

「これまで数多くのケアマネと仕事をしてきましたが、その経験から私なりの評価基準をもっています。それは選択肢の多さです」

そう語るのは訪問看護ステーションを運営するとともに、みずからも訪問看護師として働く西川さん（50代・女性）です。

「介護が始まる前に行なうサービス担当者会議でケアプランが配られます。ウチの看護師が訪問する予定だけでなく、ほかのサービスがどのように組まれているかもチェックするのですが、そこにケアマネの違いが明確に表れるんです。担当する利用者さんごとにパターンの異なるサービスの組み方をするケアマネもいる。でも、どの利用者さんに対しても代わり映《ば》えしないパターンの組み方をする人もいるんです」

そして、そんなケアプランをつくるケアマネの事例を語ってくれました。

「ワンパターンとまではいえませんが、あってもせいぜい3パターンぐらい。ひとつめは訪問介護を主体として、そこにほかのサービスを加えるパターン、ふたつめは訪問介護とリハビリを組み合わせるパターン、3つめはデイサービスを主体としたパターン。A、B、Cの3つのパターンがあって、それに利用者さんの必要なサービスを当てはめるという感じです」

ケアマネは担当することが決まったとき、利用者と介護者と面談し、それをもとにケアプランをつくります。利用者によって心身の状態は千差万別《せんさばんべつ》ですし、家族の事情も異なります。それをしっかり聞き、細かな部分まで配慮する。また、専門知識を駆使《くし》し、数多くの選択肢のなかから効果が上がると思われるサービスを考え、オーダー・メードのケアプランをつくる。担当する利用者が30人いたら、30通りのプランを考えるのがケアマネのあるべき姿でしょう。

ところがそれをせず、これまで自分がやってきたパターンに当てはめて、よしとするのです。

「選択肢が少ないんです。利用者さんのためを思って自分を高める努力をしていないんでしょう。でも、このタイプのケアマネはけっこう多いんです。困ったことに、それでもなんとかなってしまう。サービスは入るわけですし、利用者さんも介護者も、効果が出ているかどうかがわからないからです。

もちろん、私たちは疑問に思いますよ。たとえば、利用者さんが毎週火曜の午前中に病院に行く予定が入っていたとします。要介護の利用者さんの通院は大仕事ですから疲れます。その午後はサービスを入れたとしても訪問介護ぐらいですよ。でも、そのプランには訪問リハビリが入っていました。利用者さんのことが気の毒になりましたが、私たちはそれを指摘する立場ではないですから」

A、B、Cの3パターンのケアプランしかつくらないタイプのケアマネは、利用者の事情をくむこともなく、サービスを入れてしまう傾向があります。それによって利用者がこのような無理を強《し》いられることもあるのです。

ケース6　ケアプランをつくろうとしないケアマネ

介護は、ケアマネがケアプランを作成するところからスタートします。

提供するサービスに利用者が満足し、心身の状態を改善させて自立につながるか、また、介護者の負担を軽減できるかはケアプランしだい。ケアプラン作成はケアマネにとってもっとも大事な仕事といえるでしょう。

ところが、そのケアプランをつくらなかったケアマネがいるというのです。

証言してくれたのは、訪問入浴事業を運営する衛藤さん（50代・男性）です。

「私が訪問入浴の事業所を立ち上げたのは10年ほど前。数多くのケアマネに会ってきましたが、そのなかでケアプランをつくらなかったのはひとりですから、非常にレアなケースかもしれません。ただ、そんなひどいケアマネも現実にはいるんです」

衛藤さんが、そのケアマネ山本さん（40代・女性）と仕事をしたのは4年ほど前だといいます。

「利用者さんは80代半《なか》ばの男性でした。ウチがサービスに入ったのは、その方が要介護になられて1年近く過ぎてから。当初はご家族のサポートがあれば、自宅のお風呂に入ることができたそうですが、それがだんだん難しくなって、ウチが入ることになりました。だから、山本さんもケアを開始する前のサービス担当者会議のときは、ケアプランをつくったかもしれません。

でも、ケアプランを見直したり、新たなサービスを入れたときは、つくりなおしてサービス事業者に渡すのが決まりになっているわけです。ウチの訪問入浴がサービスに組みこまれたんですから、当然、そのケアプランが来ると思いました。しかし、いくら待っても渡してくれないし、催促《さいそく》しても無視される。おそらくつくっていなかったんでしょう」

介護サービスは国が管理する介護保険料を使って行なわれるものであり、行政はどんな内容のサービスが提供されているかや、たしかに実施されているかを把握《はあく》しなければなりません。それを示す資料となるのがケアプランです。

サービス事業者は各々、行政サイドにケアマネから渡されたケアプランを提出して、サービスを提供していることを証明しなければなりません。

「だから、ないでは済まされないんです。ほかの事業者さんも困ったと思いますよ。当初は忙しくて作成する時間がとれないのか、とも思いました。役所の担当者から催促があっても、ケアマネのことはいわず、『もう少し待ってください』といいました」

ケアプランの作成は、それほど手間のかかるものなのでしょうか。

「サービスの内容はかなり詳細《しょうさい》に書く必要がありますから、それなりに手間はかかると思います。でも、キャリアを積んだケアマネなら、1時間もあれば作成できるのではないでしょうか。ですから、催促から2週間ぐらいしたころにはさすがに頭に来て、役所の担当者に『ケアマネがケアプランをつくってくれないんです』と連絡しました。山本さんは何らかのペナルティを受けたと思います」

衛藤さんは、ケアマネが肝心のケアプランをつくらなかった理由は、いまもわからないといいます。

「同情的に見れば、仕事に疲れて精神的に病《や》んでいたのかもしれません。ケアマネがケアプランをつくらないなんて、ふつうではありえないことですからね。でも、そうだとしても、そんな状態で担当を引き受けること自体、利用者さんに失礼だと思います」

衛藤さんは、これをレアケースだといいますが、そのような、やる気を失ったケアマネも存在する。信頼できる人ばかりではないことは頭に入れておいたほうが良さそうです。

5章

「担当者を替えたい」とき どう動けばいいか

●信頼できるケアマネの探し方

「自由を奪われるストレス」が介護者を蝕《むしば》んでいく

介護をつづけていると、精神的に追いつめられていきます。さまざまな原因がありますが、大きな要素として〝自由を奪われる〟ことが挙げられます。

介護中はほとんどの時間が介護される人（親）中心にまわるようになります。

まず、起床の時間に合わせて起き、ケアが始まります。排泄《はいせつ》の介助や洗顔、歯磨き、看護師の指示がある場合は体温や血圧を測《はか》ったりもします。

そして朝食、必要があれば服薬《ふくやく》。その後も昼食、夕食と時間どおりに用意し、そのあいだには病院に連れて行ったり、介護サービスが入ったりもします。就寝前にも一連のケアを行ないますが、それで終わりではなく、その後も必要があれば呼び出されてケア。介護される人に認知症の症状がある場合は、それが深夜や早朝であってもくり返されます。

仕事をもっている介護者も同様です。デイサービスに行ってもらう日も、朝は一連のケアをし、デイサービスのお迎えを待つ。会社に行って仕事をしていても、頭の隅《すみ》にはつねに親のことがあるわけです。デイサービスが終わって帰宅するときも、できれば家にいたほうがいいので、仕事は早めに切り上げるようにする。そして夜は家でケア。そんな日々がつづくのです。

介護をする前、つまりふつうの日常を送っていたときは、すべて自分の都合で動けていたはずです。買い物などで外出するときも、思い立ったときに行けました。しかし、介護中は勝手に家を出ることはできません。とくに、訪問介護などのサービスが入っているときは、留守にするわけにはいかないわけです。このように、**つねに親のケアのことが頭にあり、自由に行動できないのは相当なストレス**になります。

もちろん、そのストレスを工夫によって緩和《かんわ》する方法はあります。たとえば、家の鍵を入れるキーボックスの利用。暗証番号で開閉《かいへい》できるボックスで、これを玄関付近の目立たないところに設置します。サービス事業者にこの場所と暗証番号を伝えておけば、不在にしていても家に入ってケアをしてくれるというわけです。

もちろん、これはサービス事業者の人たちへの信頼感があるからこそとれる方法です。さらにいえば、要介護の親をひとりきりにし、サービスが入るときに家を空《あ》けるという負《お》い目があって、自由を得た気分にはとてもなれません。この状態がずっとつづくのです。

ただ、親との関係が良好で、コミュニケーションも十分とれていれば、お互い歩み寄れる部分もあって、気持ちはもちこたえられるものです。ところが、親に認知症の症状が出てくると、そうはいきません。

親子関係は各家庭によってさまざまですが、いずれにしてももっとも近くにいて、つねに会話し、喜怒哀楽《きどあいらく》をともにしてきた存在です。認知症になると、その会話が成立しなくなる。子はそのことに大きなショックを受けるわけです。

認知症のことはメディアでもよく取り上げられますから、どんな症状が出るか頭ではわかっている。それなのに、**自分の親がそんな状態になると、とても冷静には受けとめられなくなります。**

また、認知症になると、こちらのいうことは聞いてくれなくなりますから、目が離せなくなり、手がかかることも増えて、ますます自由がなくなります。こんな日々がつづくかと思うと絶望感に襲われるわけです。

「虐待」はけっして他人ごとではない

在宅の介護でも介護される人が暴言や虐待を受けることが少なくないそうですが、前項で記した心理が引き金になっているような気がします。なぜなら、私も父に同様の行為をしたことがあるからです。

寝たきりになって1か月ほどしたころから、父に認知症の症状が出始めました。深夜、呼び出しのチャイムが鳴ったので居室《きょしつ》に駆《か》けつけると、「背中が痛い」というのです。心配になってかけ布団を取ってみると、父の背中の下から大量の煎餅《せんべい》のかけらと飴《あめ》が出てきました。

父は寝たきりにはなっていましたが、手も使えましたし、食欲もありました。そのため、口《くち》寂《さび》しくなったときのためにと、ベッド横のテーブルに好物の煎餅と飴を置いておいたのです。しかし、その日は食べるのではなく、体の下にもっていったわけです。煎餅と飴は体の重さで割れ、かけらになる。それが痛くて私を呼んだのです。

私は思わず「何バカなことやってんだよ！」と声を荒《あら》らげてしまいました。父を責めるというより、〝壊れていく〟ところを見るのがやりきれなくて、この言葉が出たような気がします。粉々《こなごな》になった煎餅と飴を片づけているときは自己嫌悪に陥《おちい》りました。「親父はこんなことをやりたくてやったわけじゃない。病気だから仕方がないんだ。なのに、なぜ怒鳴《どな》ってしまったのか」と。そして、二度と怒鳴ったりしないとも。

その後も、父は同様の行為をつづけました。煎餅と飴は置きませんでしたが、ベッドの近くにあるもの、携帯電話やら体温計やらを体の下に入れるのです。それを見ると、自己嫌悪に陥ったことも忘れて、また声を荒らげてしまう、ということがつづきました。

その後、父は急激に衰《おとろ》えが進み、入院することになったので、それ以上の事態にはなりませんでしたが、あのまま介護をつづけていたら、もしかすると虐待までいっていたかもしれません。暴言・虐待の事例を数多く見ているケアマネの土屋さんはいいます。

「私が担当した女性の利用者さんの娘さんに、会話から親思いであることが伝わってくる方がいました。介護も献身的にやっておられて、お母さんも幸せだなと思っていたんです。ところが、その方が虐待をするようになった。そういうケースは多いですよ。虐待は特別なことではない。誰でもしてしまう可能性はあるんです」

認知症の症状もさまざまです。攻撃的になって、虐待を受けるのとは逆のパターン、つまり介護される人が介護する人に暴力を振るうケースもあります。これもまた、介護をする人にとっては大きなショックとなります。

また、徘徊《はいかい》する人は、行方不明になったり事故に遭《あ》ったりする心配がありますし、知らない家に入りこんだりして迷惑をかけないかといった不安もあります。介護される人に認知症が加わると心労は倍増するといえます。

ただ、認知症の種類にもよりますが、進行を遅らせるのに効果がある薬もありますし、症状を改善に向かわせるさまざまな非薬物療法も高齢者施設などで行なわれています。ケアマネはそうした情報をもっていますから、相談してみるのもいいでしょう。

それに、何よりケアマネは、親の認知症状に悩む介護者の事例をたくさん見ていますから、**折れそうになる介護者の気持ちを支える方法論をもっています**。そこで的確《てきかく》なアドバイスができるかどうかでケアマネの良否《りょうひ》が分かれるわけですが、まずは相談してみるのが先決なのです。

受け身のままでは、介護の質は高まらない

介護サービスを受けている利用者・介護者の大半は、受け身の状態にあります。

介護の知識はほぼゼロのところから介護生活が始まります。担当になったケアマネがやってきて、要介護になった人の心身の状態を見て、どんなサービスが必要かを提案。それをもとにケアプランをつくり、利用者・介護者の了承を得て介護がスタートするわけですが、この一連の流れはケアマネが主導することになります。

基本的なことは説明してくれますが、介護をする側は知識がないため、ちゃんと理解することはなく、たいていは「お任せします」ということになります。介護は受け身から始まるわけ

です。

そして、ほとんどの利用者・介護者は、この状態のまま介護生活をつづけます。大半の人にとって介護は初めてですし、わからないことだらけ。ケアマネに任せるしかありません。

ケアプランは妥当《だとう》なのか、家にやってくるヘルパーなどのサービス事業者はたしかな技術をもち、しっかりケアしてくれているか、そして介護を主導するケアマネは熱心に仕事をしているのか、そうした良し悪しなど考えることもなく、介護をつづけることになります。

その過程では、不満に感じることや疑問を覚えることがかならずあります。ところが、体験しているのは担当ケアマネ率《ひき》いるチームのサービスだけですし、ほかの利用者・介護者がどんなサービスを受けているかを知る術《すべ》もなく、良し悪しを比較することもできません。その結果、不満や疑問があっても「これがふつうなんだろう」と自分を納得させてしまうわけです。

また、ここまで「任せて」きたケアマネには、不満があってもなんとなくいいづらい感じがあるもの。気まずくなるより、「このまま任せておこう」という意識になるのです。

しかし、介護は要介護になった人が元気になるかどうか、それどころか死期が早まるかどうかが問われる重い意味をもつ行為です。**受け身のまま妥協《だきょう》をし、黙《だま》って耐えている状態をつづけていてはダメ**なのです。

ここまで記してきたように、「任せて」おいてはいけないケアマネもいます。利用者・介護者の対応しだいでは、良い仕事をしてくれるようになる人もいますが、それでも改善されないケアマネも残念ながら一定数いるのです。

ただ、ここにもひとつハードルがあります。「そういうケアマネが担当になったのだから、仕方がない」というあきらめの気持ちです。一度担当になったケアマネを替えることはできない、このままいくしかないと思いこんでいるからでしょう。

しかし、**担当ケアマネを替えることはできます**。「いまのケアマネに任せていたら、良い介護はできない」と判断したら、替える選択肢がある。だから、ケアマネのいうことに従うだけの受け身の姿勢をつづけていてはいけないのです。

ケアマネの交替を決断する「境界線」とは

利用者・介護者が受け身の状態を脱するのは、そう難しいことではありません。いま受けている介護サービスが、利用者である親御《おやご》さんの心身の状態の改善につながっているか、介護者である自分の負担軽減《けいげん》に役立っているかを考えるのです。

ケアマネに任せっきりの受け身の姿勢でいるときは、そんな当たり前のことさえあまり考えないものです。なぜならば、思考停止に近い状態だからです。

こうした検証をすることで、受け身ではなく主体的に、いま提供されているサービスを考えるようになります。そして、そのサービスに改善の効果が感じられなかったら、ケアマネがモニタリングで来たときなどに、ケアプランに組みこんでいる理由を聞いてみるのです。

この質問を真摯《しんし》に受けとめ、利用者・介護者と相談しながらケアプランの見直しを考えるケアマネもいれば、質問には応じるものの、要望を受けつけないケアマネもいます。つまり、**受け身から脱し、主体的に介護を考えることで、担当ケアマネの良し悪しが見えてくる**のです。

とはいえ、これだけで良いケアマネかダメなケアマネかを判断することはできません。4章で記したように、利用者・介護者の対応や介護に向かう姿勢などによって、良いケアマネがダメになることもあるし、ダメなケアマネが良い仕事をするようになることもあるのですから。

ケアマネに好感をもたれるような対応をしたうえで、それでもダメな場合は替えることも視《し》野《や》に入ってきます。

この判断をする前に必要なのが、ケアマネの良し悪しをジャッジする目をもつことです。ケアマネは、その仕事ぶりをほかのケアマネと比較対照して判定できる職種ではありません。「ここまでしてくれれば合格」という基準を、利用者・介護者はもつことができないのです。担当ケアマネの仕事に不満を感じたとしても、それは利用者側の求めるレベルが高すぎるからかもしれない。そうだったら、そのケアマネは気の毒です。できるだけのことを精いっぱいしても、利用者側が勝手にハードルを上げて、不満に思っているわけですから。

もっとも大半の利用者・介護者は担当ケアマネの仕事ぶりが水準に達していなくても、文句もいわずに耐えています。それもこれも、良し悪しの基準がわからないからです。

ですから、担当ケアマネに不満をもったとしても、替えるかどうかの判断をする前に「ケアマネなら、ここまでしてくれて当たり前」という基準を知っておく必要があります。基準がわかれば、それより下ならダメなケアマネ、それより上なら良いケアマネと判定できるからです。

基準を知る方法は簡単です。**ケアマネに接した経験をもつ人に「ウチを担当しているケアマネさんの対応に、私はこんな不満を感じているのですが、どう思われますか？」と聞いてみる**のです。

「そんな対応をするのはケアマネ失格ですね」

「そこまでケアマネに求めるのは酷《こく》ですよ」

などと答えはさまざまでしょう。聞く相手によっても基準は異《こと》なるもの。しかし、数人に聞いてみることで、担当ケアマネが力を尽くしてくれているかどうかがわかってくるわけです。

有能なケアマネは、近所のオバちゃんが知っている

では、その情報は誰から聞いたらいいのでしょう。

まず、頭に浮かぶのはヘルパーさんなどのサービス事業者だと思います。サービス事業者は週に何回といった頻度《ひんど》で来訪しますから、ケアマネよりも親しくなりやすい存在です。しかも、ケアマネが率いるチームの一員として働いているわけですから、聞いてみたくなります。

ただ、彼らには個人情報の守秘《しゅひ》義務があり、介護にかんすることは口が堅《かた》い。また、スポーツチームに例えると、サービス事業者は監督にあたるケアマネに起用されている選手のような存在です。選手が監督の批判をすると怒りを買って使われなくなるのと同様、サービス事業者はケアマネに対する評価について話したがらないものなのです。

じつは、**ケアマネの良し悪しの基準を教えてくれる貴重な情報源となるのは、介護経験をもつ人**です。近所にはたいてい、地域の事情にくわしい世話好きのオバちゃんがいるものです。その人に相談し、人間関係をたどっていけば、介護経験者は見つかるはずです。

とくに適任なのは、すでに介護を終えた女性。介護を終えていれば時間的にも精神的にも余裕がありますし、客観的に介護を見る目ももっています。介護者のつらさも知り抜いていますから、聞きにいけば、先輩として何でも親切に答えてくれるでしょう。

介護期間が長かった場合は、ケアマネとの軋轢《あつれき》も何度か経験しているはずで、むしろ話したくてウズウズしているかもしれません。担当ケアマネの対応を打ち明ければ「ひどいわね。包括に連絡して注意してもらったほうがいいわよ」とか「まだマシよ。私なんか、こんな目に遭ったんだから」といった話が聞けます。情報源としては最適なのです。

また、**そういう人は介護者人脈をもっていて、ほかの経験者を紹介してくれる**ものです。複数の経験者に聞くことで、評価基準はより明確になり、担当ケアマネの良し悪しが判定できるようになります。

「ケアラーズカフェ」「用具レンタル担当者」も貴重な情報源

近所とのつき合いがなく、そうしたオバちゃんルートとは縁がない人は「ケアラーズカフェ」を頼る手もあります。

ケアラーズカフェは介護者（ケアラー）が集《つど》い、悩みなどを語り合える場所です。

介護というと介護される人のことがおもに語られますが、それと同等以上に重要なのが介護をする人。その多くはさまざまな悩みを抱《かか》え、精神的にも肉体的にも追いつめられています。介護と仕事の両立、慣れないケア、経済問題、家族問題、社会からの孤立《こりつ》、イライラが高じて、つい出てしまう暴言や暴行……。

そうした悩みを抱える介護者が立ち寄り、思いのたけを語ってスッキリする、あるいは経験者から苦境《くきょう》を乗り切るアドバイスを受け、気持ちを立て直して介護に向かう——という目的で設けられた、いわば**介護者の〝駆けこみ寺〟**です。介護を成り立たせるには、介護者の精神的ケアが欠かせないという考えから、全国各地に開設されるようになりました。

とはいえ、民間で運営するのは難しく、多くは社会福祉法人、ＮＰＯ法人、福祉系のボランティア団体などが運営しています。また、常設はほとんどなく、法人の事務所や公民館などの公的施設を借りて週に1回といった頻度で時間を限定して開設するケースが多いようです（通常、利用料は１００円から３００円程度。お茶なども提供されます）。

めざしているのは介護者が集い、悩みを抱える者同士が語り合うかたちですが、それも実現できているところは多くありません。ケアラーズカフェという場所があること自体知られていない、行きたいと思っていても、介護に追われて限定された開設時間に行くことができない、といった理由からのようです。

ただ、ケアラーズカフェには介護経験をもつスタッフが常駐《じょうちゅう》しています。何でも相談できる場所ですから、ケアマネに対する評価基準も聞けるわけです。最寄《もよ》りのケアラーズカフェはインターネットで「ケアラーズカフェ　地域名」で検索すれば見つかります。

なお、ケアラーズカフェの利用者は、圧倒的に女性が多いそうです。あるカフェのスタッフに聞いたところ、「悩みを語ることは弱みをさらけだすことであり、男性にはそれが高いハードルになるのだと思います」と語ってくれました。

そういえば「オバちゃんルートの情報源」も、探すのは近所づき合いのある女性のほうが有利です。ケアラーズカフェは「男性介護者ウェルカム」ですから、思い切って行ってみればいいのですが、それができない人は、ケアマネにかんすることが聞ける情報源が見つからなくなってしまいます。それでも、ベテランケアマネが男性介護者にとって良き情報源になり得る存在を教えてくれました。それは、**福祉用具レンタルの担当者**です。

「福祉用具レンタルの担当者は、ケアマネがつくるサービスチームの一員ではありますが、ほかのサービス事業者とはケアマネとのかかわり方が異なります。ヘルパーさんや訪問看護師さ

んなどはケアマネと連絡を取り合い、仕事内容のチェックも受ける関係で距離が近いんです。

いっぽう、レンタル担当者は介護が始まったときに連絡を受けて介護用ベッドの契約、搬入《はんにゅう》、あるいは利用者さんの状態の変化に応じて車椅子や室内用トイレをもってくるといったようにかかわるのは必要のあるときだけで、一定の距離感があるんです。数多くのケアマネの仕事に接し、客観的に見ることができる立場にあるともいえます。

また、重い用具を搬入する関係で男性が多い。用具のグレードや使用法を説明する必要がありますから、営業的センスも求められます。男性介護者にとってサービスチームのなかではもっともざっくばらんに話ができる相手なんです」

もちろん用具レンタルの担当者も守秘義務があるわけですから、口が軽いというわけではありません。

「でも、男同士、雑談を交《まじ》えて会話を重ねることによって親しくなります。長いつき合いになれば信頼関係も生まれる。それとなくケアマネのことも聞けるわけです。聞き方にもよりますけどね。ケアマネの良し悪しを直截《ちょくさい》に聞くのではなく、たとえば一般論として『ケアマネによって仕事がやりやすかったり、やりにくかったりすることはあるんですか?』と聞く。そんなふうに話を進めていって、『ウチの担当ケアマネはどうですか?』という質問にもっていくんです。**はっきり答えてくれないかもしれませんが、その反応に評価は表れるはずです」**

じっさい、私がケアマネの評価を知り得たのは、用具レンタル担当者との会話からでした。私の父を担当したのは幸《さいわ》い評価の高いケアマネで、レンタル担当者も「運がいい」というポジティブな評価だったため話しやすかったのかもしれませんが、その後はダメなケアマネのこともたっぷり話してくれました。

男同士で信頼関係があったから、踏みこんだ会話になったのでしょう。用具レンタル担当者のすべてがそうだとは限りませんが、貴重な情報源になり得るのです。

担当ケアマネに不満があるなら、まずは「包括」に相談

ケアマネを評価する目をもった人たちから話を聞くことで、担当ケアマネの仕事が水準に達しているのか、利用者・介護者が感じた不満は正当だったのかがわかります。客観的に見て、良いケアマネかダメなケアマネかが判明するわけです。**「ただ、ダメなケアマネだったとしても、すぐに替えようとは思わないほうがいい」**とベテランケアマネはいいます。

「不満があっても改善されないのは両者に行き違いがあるわけで、コミュニケーションがとれ

ていないのが原因であることが多いんです。利用者・介護者に不満があることを知らずにいるケアマネもいますから。

だから、改めてケアマネと話をする時間をつくって、要望を伝えるのが先決です。それがきっかけで課題が改善され、良い仕事をするようになることもあるのです。そうしたこちらからの働きかけに、これといった反応がない場合は、包括の担当者に相談してみることです。包括はケアマネを選定する立場ですから、不満があれば聞いて改善策を考える責務があります。当然、ケアマネにも相談があったことを伝える。ケアマネにしても、そういう話が包括にもちこまれること自体、不名誉なことですから、反省し、対応を改める可能性があるのです」

利用者・介護者サイドがそうした働きかけをして、しばらく様子を見ていても、対応や仕事ぶりは変わらず、不満が放置されたままだったら、ダメなケアマネ決定。あるいは両者の相性がよほど悪いのです。

人間関係というのは難しいもので、評判の良いケアマネも相性の悪い利用者・介護者に当たるとコミュニケーションがうまくとれず、満足のいく支援ができなくなることがあるとか。どこまでいっても考えや価値観、気持ちなどが交《まじ》わらない人とは関係を解消したほうがいいわけで、別の人に担当を替わってもらう決断のしどころです。

ケアマネを替えるときの連絡先も包括です。包括の担当者は利用者・介護者とケアマネのあいだにどのような行き違いがあったのかや、要望の傾向を把握《はあく》していますから、それに応《こた》えられるケアマネを新たな担当にするようです。ベテランケアマネはこうつづけます。

「我々にはうかがい知れないことですが、包括の担当者は、管轄《かんかつ》内のケアマネをおおまかではありますが格付けしているんです。評価の高いケアマネは評判が耳に届いてきますし、逆にクレームが入ることが多いケアマネもいる。それを感覚的につかんでランク分けしているわけです。で、担当を替えてほしいといってきた利用者・介護者には前任者よりランクの高い、つまり評判の良いケアマネを担当にする傾向があります」

ケアマネを替える決断をするとき、これまでの人よりレベルが落ちたらどうしようという不安があるかもしれませんが、その心配はなさそうです。相性の問題はありますが、**ケアマネを替えることは、プラスに働くことが多い**のです。

自力で相性のいいケアマネを探すメリットとは

ケアマネを替えるさい、人選を包括に頼らず、利用者・介護者がみずから選んだケアマネを新たな担当にすることも可能です。「人が好くて有能」という条件を備《そな》えたケアマネが見つかれば、その人が担当になってくれれば何の問題もないわけです。

その手段もあります。**ケアマネの良し悪しの判断基準を聞いたときの「近所のオバちゃんルート」を活用する**のです。そのルートで会った介護経験をもつ人を担当したケアマネが優秀だった場合は、その人を紹介してもらえばいいわけです。

また、長く介護をした人は、介護を通じた人脈をもっているもので、現在介護中の知り合いもいたりします。その担当ケアマネのなかから、評判のいい人が見つかることもあるのです。うまくいけば、複数の次期ケアマネ候補者が現れ、そのなかから、相性の良さそうな人を選ぶこともできます。人間性はどうか、良いサービス事業者を確保しているか、わが家の事情をくんだ支援をしてくれるか……といった、さまざまな角度から検討して選べるわけです。

ケアマネも担当している利用者・介護者が新たな利用者を紹介してくれるのは、うれしいこと。担当する人数が35人枠いっぱいでない限り、二《ふた》つ返事で引き受けてくれるはずです。あとは、そのことを包括に連絡すればいいのです。こうすれば、介護が始まるときの運任せのケアマネではなく、自分で選んだ、安心して任せることができるケアマネを担当にすることができるのです。

このようなかたちで担当になるケアマネは、介護を進めるうえでも利点があります。紹介がくり返されることで利用者同士が知り合い、ケアマネを中心とした利用者のネットワークができます。**このネットワークを通して情報交換が密《みつ》にできるため、励まし合いながら前向きに介護に取り組める**のです。

また、ケアマネも、この情報網があることによって、利用者の状態を把握しやすいメリットがあります。たとえば、このネットワークにいる利用者宅を訪問したとしましょう。そのとき、介護者から「○○さんのおばあちゃん、昨日の晩に熱を出したらしいわよ」と聞けば、すぐに様子を見に行くことができるわけです。

ダメなケアマネを替える後押《あとお》しをしてくれるだけでなく、良いケアマネを見つけることや、つらい介護を明るくしてくれるネットワークに入ることもできる。近所のオバちゃんルートを活用した人脈づくりは大きなメリットがあるのです。

ケアマネ探しは、手間を惜しまない

「オバちゃんルート」とは別に、自力でケアマネを探すこともできます。

役所の担当課や包括に行くと、地域の居宅介護支援事業所、つまり、ケアマネが所属する事業所の連絡先が掲載されている資料があります。それをもらって帰り、**目星《めぼし》をつけたところに電話連絡する**のです。

事業所に利用者サイドから連絡が入ることはほとんどないそうですが、どこも快《こころよ》く面談に応じてくれるとのこと。そして事業所へ足を運び、いまのケアマネに不満を感じていること、良いケアマネが見つかったら替わって担当してもらいたいと考えていることを話すのです。

対応するケアマネは、おそらく少し警戒するはずです。現状のケアマネに不満があって替えようと思っているということには、クレーマーっぽさが感じられるからです。しかし、冷静に筋道《すじみち》を立てて現状を説明すれば、そうではないことをわかってもらえます。

また、こちらも相手の対応や会話から人間性や事業所の姿勢をうかがうことができます。そのように数か所の事業所をまわり、面談をくり返すことで、相性が良く、担当を任せても大丈夫そうな人が見つかるというわけです。

ここでは、すでに介護をしていて、その期待に応《こた》えてくれないダメなケアマネを替えるときの人材の見つけ方として書いていますが、この**ケアマネ選びは介護が始まるときに実践《じっせん》してもかまいません**。近所のオバちゃんルートも然《しか》りです。介護をよく知る人から情報を得て、自分の目で人物を見定め、担当になってもらえば問題はないのですから。

ただし、介護が始まるときは、そんな余裕は精神的にも時間的にもありません。だから、運の良し悪しで、ミスマッチも起こる。介護のキャリアを積んで、どうしたらより良いケアができるか模索《もさく》できるようになり、現状のケアマネを替える決断をしたときは、時間と手間をかけてでも納得のいくケアマネを見つけるべきなのです。

頼れるケアマネは、施設入所も助力してくれる

「長く介護をつづける秘訣《ひけつ》は、頑張りすぎないことです」

東京・荒川区にある男性介護者の集い『オヤジの会』の取材をしたとき、母親を10年近く介護している会員の方から、こんな言葉を聞きました。

「介護って重い現実ですよね。親御さんの衰えを直視することになりますし、最期のことさえ頭に浮かぶ。親想いの人はとくに『後悔したくない』と頑張ってしまいます。つぎからつぎへと押し寄せてくる課題や試練に懸命に対応するから疲れ切ってしまう。そしてそんな日々がつづくと、介護者のほうが病《や》んだり、心が折れるといったことが起こります。

でも、そうなって困るのは介護者の手を必要とする親御さんなんです。だから、頑張りすぎず、手を抜けるところはうまく抜く。たまには介護から離れて気晴らしもする。そんなふうに自分を大切にすることが、長く介護をつづけるうえでは必要なんです」

そして、介護者が頑張りすぎなくても済むように介在《かいざい》するのがケアマネだといいます。ケアマネの正式名称は居宅《きょたく》介護支援専門員。専門知識とケアの実戦部隊であるサービス事業者を動員して、介護者の負担軽減のサポートをする存在なのです。

「良いケアマネなら、介護者が負担でいっぱいいっぱいになっていれば、それを察して助け舟を出してくれるものです。ケアプランを見直し、負担を軽減するためのサービスを提案したり、手を抜いてもいい部分を教えてくれたり。自分を大切にするのが先決だといって気を楽にするような働きかけもする。そうした助言にみずからの気づきもあって力が抜け、介護がつづけられるようになるんです」

介護者が追いつめられていても放置したままのケアマネもいます。それなら、こちらからSOSを出す。それでもこれといった対応をしなければ、ダメなケアマネといって良さそうです。

介護のつらさのひとつが「先が見えない」ことです。いつまでつづくかわからず、どこにゴールがあるかも見えない。ゴール地点がわかれば、そこへ到達するまで気持ちを保《たも》つことができますが、見えないのですから、力を抜いて淡々《たんたん》とつづけるしかないわけです。

ケアマネは担当する利用者の介護が始まるときは、自立支援を念頭に置いてケアプランをつくります。要介護者の心身の状態を改善し、自立にもっていこうとするわけです。

しかし、ケアをつづけても改善が見られない場合は、方向性も変えざるをえなくなります。多くの人が希望している「自宅で最期が迎えられる」ようにケアのサポートをすることになる。**自宅で看取《みと》るところまでいくのが在宅介護のあるべきかたち**というわけです。

そして、やがて在宅での介護が限界を迎えることもあります。要介護者の心身の状態や認知症の症状が、サービスだけでは対応しきれなくなる。あるいは介護者や家族の事情の変化もあります。そうなったときに、**選択肢として浮上するのが高齢者施設への入所**です。

一般的に「高齢者施設」といわれているところを次ページの表に挙げました。

インターネット上の情報では、これらの施設の特徴や入所資格（要介護度や認知症の有無《うむ》）、かかる費用などを対比的に紹介しており、このなかから入所希望者の条件に合ったところを選ぶという感じで説明されています。

しかし、じっさいは各施設が対応するニーズは大きく異なり、選択肢としてすべてを比較検討するにはふさわしくありません。「最後まで在宅で介護をしようと思って頑張ってきたが、限

◀高齢者施設の種類▶

●公的施設

- **特別養護老人ホーム**…要介護3以上の高齢者が入居する施設。必要な介護とリハビリを中心にサービスを受けられます。
- **介護老人保健施設**…病院退院後の自宅復帰を目的とした施設で、要介護認定者が対象。長期の入所は不可。
- **介護医療院**…身体介助や生活支援はもちろん、医療的ケアを行なえる施設です。
- **ケアハウス**…自立生活が不安な高齢者に対応。「介護型ケアハウス」では、常駐している介護職員から介護サービスが受けられます。

●民間企業・法人が運営する施設

- **有料老人ホーム**…自立生活ができる方から要介護の方まで幅広い入居者に対応。生活援助と身体介助サービスを提供してくれます。
- **サービス付き高齢者住宅**…見守りと生活相談サービスを提供する、バリアフリーの賃貸住宅。介護が必要になった場合、訪問介護や通所介護といった外部の介護サービスを利用できます。
- **グループホーム**…認知症の高齢者が小規模な共同生活を送る住まい。食事、入浴、排泄の介助などの基本的な介護サービスは受けることができます。

界を迎えたため施設入所を考えた」という状況で考えると、いくつかは除外され、選択肢は絞《しぼ》られてきます。

公的施設でまず除外されるのは**ケアハウス**。身寄りがなく、ひとりで生活するのに不安を感じる高齢者が入所する施設であり、該当しません。

つぎに**介護老人保健施設（老健）**。リハビリを行ない、機能を回復させるために入所する施設であり、回復したら自宅に戻るのが前提になります。

入所期間も、原則として3か月の短期。なかには回復に時間がかかって長期入所になり、その過程で結果的に看取りを迎えることもありますが、基本的には目的が異なるので選択肢には入りません。

民間運営では、**サービス付き高齢者住宅**が外れます。名称のとおり、施設ではなく住宅。高齢者向けにバリアフリーなどの設備を整えた賃貸マンションと思えばいいでしょう。サービス付きといっても、生活相談や安否確認があるぐらいで、ホームヘルパーが訪問して行なうような介護サービスは入居者が個別に頼むことになります。

つまり、ここに入るのは自宅にいるのと同じこと。何らかの理由で自宅を出ることになった場合に入居を考えるところなのです。

また、**グループホーム**は認知症の高齢者が共同生活を送る施設。家庭的な環境で精神的安定を図り、症状の進行を遅らせることをめざしています。認知症の症状で困ったときの選択肢にはなりますが、最期まで面倒をみてくれる場所ではありません。

こう見ていくと、残るのは公的施設では**特別養護老人ホーム（特養）**と**介護医療院**、民間では**有料老人ホーム**ということになります。

このうち病院に近いイメージの施設が**介護医療院**です。入院の条件は慢性的な病気をもち、医療的ケアが必要なこと。医師や看護師が常駐し、ケアを担当、看取りまで対応してくれます。

最近の病院は、長期入院をさせてくれず、治療が終わればすぐに退院になります。介護医療院ではそんなことはなく、最期まで入院させてくれる。その意味では条件にぴったり合う施設ですが、現実には選択肢にしにくい状況があります。

介護医療院は、2018年4月に導入が決まったばかりの施設です。財政危機にある自治体はなかなか建設に踏み切れず、また、2017年度に廃止が決まった「介護療養型医療施設」からの移行も順調には進んでいません。47都道府県には、介護医療院がまだ1か所もないところがあるほどで、入院したくてもできない状況がしばらくつづきそうなのです。

ということで、公的施設では**特養**、民間施設では**有料老人ホーム**が、選択肢になります。しかし、どちらもメリット、デメリットがあります。

特養は1か月の利用料が9万〜13万円といったところで、ほかの高齢者施設とくらべても安いのですが、入所するまで長期間待たなければなりません。

いっぽう、**有料老人ホーム**は多くの企業が参入しているだけあって、選択肢は多いですが、入居費や月額利用料は高価になります。施設入所も簡単に結論が出せるものではないのです。

ただ、良いケアマネは、利用者への担当としては最後の仕事になる施設入所にかんしてもアドバイスをつづけます。初めから最後までしっかりと対応するのが、ケアマネとしてあるべき姿なのです。

あくまで私の個人的な解釈ですが、介護者にとって在宅介護は「悲しい努力」だと思っています。

ケアマネは要介護者の自立支援の務めを果たすためにやってきます。サービス事業者も、その意を受けて、スキルや経験を動員し、ケアに努《つと》めてくれます。じっさい、そのケアが効果を発揮し、心身の状態が改善されて元気になることもある。介護する人にとっても、それはうれしいことです。

とはいえ、介護される人が人生の最終盤に来ていることに変わりはなく、ゴールは高齢者施設に入るか、死を迎えるか。在宅介護は別れで終わるのです。

介護する人は、その過程でさまざまなことに力を尽くします。要介護になった親や配偶者のために、「できる限りのことをしよう」と努力するわけです。努力は本来、何か目標があって、それに向かってするものです。前向きな気持ちがあるからこそ人は努力できる。

しかし、介護の努力の先にあるのは「別れ」という悲しいゴールなのです。介護に精神的なきつさがともなうのは、そのためではないでしょうか。また、誤解を恐れずにいえば、介護は生産性のない行為です。その意識が介護者を疲れさせ、苛立《いらだ》たせる気がします。

ただし、ネガティブなことばかりというわけでもない。喜びというほどではないにせよ、努力が報《むく》われた気がする瞬間があります。介護される人が笑ったり、満足そうな表情を見せたときです。何か救われたような気持ちになるのです。

私が父親の介護をしたときは、こんなことがありました。初めて訪問入浴のサービスを受けたときのことです。サービスが入る前の父は、明らかに緊張していました。2週間近く風呂に入っていなかったので、温かい湯に浸《つ》かってサッパリしたいという思いはあったはずですが、それ以上に大勢のなかで裸にされて、湯に入れられるのが恥ずかしくてたまらなかったようです。スタッフが到着し、入浴の準備をしているときも、パジャマを脱がされて体を湯船に移されたときも表情は固いまま。

すると、訪問入浴のスタッフ5人（通常は3人ですが、このときはなぜか5人でした）が、ザ・ドリフターズの『いい湯だな』を歌い始めたのです。

「ババンバ・バンバンバン、ア・ビバノンノン」から始まって、「いい湯だな アハハン」のところで部屋の空気は一気に明るくなりました。そして、父の顔を見ると、ニコニコと笑っていたのです。

突然寝たきり状態になって以来、父は終始《しゅうし》暗く沈んでいました。その父が笑顔を見せた。それがうれしいのと同時に不思議な感動が押し寄せてきて、涙がこぼれました。

どの訪問入浴事業者のスタッフもこういうことをするのが当たり前なのか、それともわが家に来た事業者だけなのかはわかりません。いずれにしても、初めての訪問入浴で緊張している利用者の心を和《なご》ませようとするスタッフの気づかいはありがたかった。真っ暗な介護生活に灯《とも》ったひとすじの光のように感じたものです。

悲しい努力をつづけている介護者はたくさんいるはずですが、そんななかにも介護される人が笑顔を見せるこうした瞬間はあると思います。それに救われ、「これからもなんとか頑張ろう」と思わせてくれる。

小さなことですが、そんな思いをより多くさせてくれるかどうか。それが頼れるケアマネとそうでないケアマネの差のような気がします。

相沢光一（あいざわ・こういち）

1956年、埼玉県生まれ。明治大学法学部中退。スポーツやビジネス分野を中心に取材・執筆活動を展開してきたフリーライター。父親介護の体験を機に、高齢者介護のあらゆる問題を社会と個人の両面から精力的に取材。現場のリアルを『PRESIDENT Online』で発表している。また、『DIAMOND online』ではスポーツのコラムを執筆中。

介護を左右する　頼れるケアマネ　問題なケアマネ

二〇二〇年　五　月二〇日　初版印刷
二〇二〇年　五　月三〇日　初版発行

著　者――相沢光一

企画・編集――株式会社夢の設計社
東京都新宿区山吹町二六一　郵便番号一六二―〇八〇一
電話（〇三）三二六七―七八五一（編集）

発行者――小野寺優

発行所――株式会社河出書房新社
東京都渋谷区千駄ヶ谷二―三二―二　郵便番号一五一―〇〇五一
電話（〇三）三四〇四―一二〇一（営業）
http://www.kawade.co.jp/

DTP――アルファヴィル

印刷・製本――中央精版印刷株式会社

Printed in Japan ISBN978-4-309-24965-0